SPICY
CURRY

魯
ROKA
珈
STORY

齋藤絵理

ele-king books

はじめに
〜開店日の話〜

誰もいない、しんと静まり返った店内で、私はひとり、じっと〝その時〟を待っていた。

2016年12月1日。新宿区、大久保――。私は今、人生の大きな転機を迎えようとしている。まさに今日というこの日、夢にまで見た自分のカレー店、その名も「魯珈」をオープンさせるのである。

準備に抜かりはない。看板メニューであるカレーと魯肉飯も、すでに調理を終えて、鍋の中でスタンバイしている。もちろん、仕上がりだってバッチリだ。ワンオペゆえに少々不安もあった接客も、昨日何度も練習をしたから大丈夫……だと思う。

練習に付き合ってくれたのは、開店前日に私がナーバスになっているのではないかと心配して、激励しに来てくれた友人知人たちだった。「接客のシミュレーションをしてみよう」というのは、その中のひとり、かつて私が7年間修行をした南インドカレー店「エリックサウス」で共に働き、ひと足先に独立して自分の店を持った元同僚の提案によるものだった。

正直、知っている人を相手に、かしこまって「いらっしゃいませ」などとやるのは気恥ずかしいことこの上なかったが、もうそんなことを気にしている段階じゃないだろ、明日だぞ？　と下らない自意識は捨て去り、みんなの胸を借りて精一杯練習させてもらうことにした。

「ご来店ありがとうございます」

「こちらのお席にどうぞ」

「『ろかプレート』というのは、うちの看板メニューであるカレーと魯肉飯のあいがけでして……」

「たいへんお待たせしました。どうぞお召し上がりください」

まだ本物の客を迎えたことのない店内が、にわかに活気づく。厨房のあるカウンターの中に立ち、来るべき〝その時〟をイメージしながら声を出していると、「自分は店を持つのだ」ということが、夢ではなく、リアルなものとして徐々に実感されていくのだった。


……気づけば、時計の針はもう午前10時を指しかけていた。11時の開店時間は、すぐそこまで迫ってきている。しかし昨日、接客の練習をする中で得かけた「自分は店を持つのだ」という実感は、再びおぼろげになり、どこか他人事のように思えた。なんだか、夢を見ているようなのである。ここまで、あまりに忙しい日々を送ってきたことも無関係ではないだろう。修行先の店をやめてから今日まで、自身の店を始めるための準備期間は、本当に1日も無駄にできないほどの短いものだった。開店の時を目の前にしながらも、いまだ必死に走り抜けようとする感覚が抜け切らず、とても自分を客観視することができない。しかし、扉のガラス窓から見える開店祝いのお花の数々が、私を現実へと引き戻す。やっぱり今日、この日なのだ、と。

ふと花から視点を転じた私の目が、ひとりの人物を捉える。この人は、いったい私の店の前で何をしているのだろう？　一瞬、考え込んで、はたと気がついた。お客さまだ。お客さま第一号だ。しかも、開店1時間も前から並んで待ってくれている！　突如、胸の鼓動が高鳴り始め、「とうとう、自分は、店を始めてしまうのだ」という実感が全身を駆け巡った。今すぐ店の外に出て、そのお客さまの手を握ってお礼を伝えたいという気持ちをなんとか抑えて、私は胸の中で呟いた。

「初めてのお客さま、ありがとうございます！」

こうして、私と魯珈の物語は始まったのだった。

目次

第1章
カレーとの出会い

食いしん坊一家に生まれて

私のカレー好きは、親譲りです。

両親の結婚前のデートは、もっぱら食べ歩きだったそうです。それは結婚して、私が生まれてからも変わりませんでした。私も、10代の頃から今に至るまで、「至上の楽しみは食べ歩き」と言ってはばからない人間なので、これはもう血筋と言っていいでしょうか。自他共に認める食いしん坊一家、それが我がファミリーなのです。

私がまだ幼かった頃、少女漫画家をしていた母は多忙を極めていました。料理を作る時間もなかなか取れなかったため、我が家では夕飯が外食ということも珍しくありませんでした。でも、ファミリーレストランのような、子ども向けのメニューがあるお店に連れて行かれることはほとんどありませんでした。代わりによく行っていたのが、「スペイン料理」「ロシア料理」などと銘打った、専門性の高いお店です。そんな中で出会ったのが、カレーでした。しかも、日本的な、いわゆる小麦粉や固形ルーを使うカレーライス的なものではなく、本格的なインドカレーが、私にとってのカレー初体験だったのです。

お店に足を踏み入れるやいなや鼻腔を刺激してくる鮮烈なスパイスの芳香！　あの瞬間がたまらなく大好きで、気づいた時には「次は、いつこれをまた食べられるんだろう？」と心待ちにするようになっていました。以来、同級生たちが大喜びする「バーモントカレー」のような、いわゆる「おうちカレー」ではなく、インド人シェフの作る、スパイスの香り高い本格的なカレーこそが、私にとってのカレーとなりました。

マイ・ルーツ・オブ・カレー

私がカレーに開眼した1990年代初頭の東京にも、今に比べればまだまだ少ないとはいえ、本格的なカレー屋さんはそれなりに存在していました。そんな中でよく通っていたのが、実家のあった渋谷に店を構えていた「ボルツ」と、同じく渋谷は百軒店の老舗中の老舗「ムルギー」です。

1974年創業のボルツは、スパイスと野菜だけで作る、本格的なインドカレーを出す名店として知られています。それと共に、今ではポピュラーなものとなった「辛さを選べる」というシステムを導入したカレーのオリジネーターとしても有名です。現在では渋谷から引っ越されて、神田で営業を続けられています。

ボルツは、チキンやビーフなどいろいろな種類のカレーが選べるのに加え、トッピングも多種多様。私は「ビーフとトマト」を特に好んで食べていました。今でこそ何でも食べられますが、小さい頃は野菜が嫌いで、みんなが大好きなカレーライスも、じゃがいもやにんじんといった具材がゴロゴロとしているのを理由に敬遠していました。そんな中で、ビーフカレーは牛肉だけ、チキンカレーは鶏肉だけと、メインの具材が一つに絞られていて、なおかつ「肉のみ」のカレーが主流だったのも、本格的なカレーを好きになった理由だったように思います。なお、野菜嫌いの私が「ビーフと〝トマト〟」を好んでいたのは、当時トマトが唯一食べられる野菜だったからです。

ボルツにはテーブル席もあったので、ファミリーで行きやすかったのと、辛さが選べるのも、子どもを連れて行くのにはよかったのかもしれません。もっとも私の場合、辛いものには最初から耐性があったようです。幼稚園の頃から、そこそこの辛さも意に介さず平気で食べていました。そういう意味では、私は特異体質にして、最初から辛い食べ物に選ばれていたのではないか、などと想像すると、少し誇らしい気持ちになったり。カレー屋になるべくして生まれてきたのかな、なんて思ったり。

一方のムルギーは、1951年創業、渋谷一の歴史の長さを誇るカレー屋さんです。山状に盛られたライスと、追加トッピングの茹で卵スライスから成るビジュアルがあまりに有名で、こちらのカレーは一種類のみといういさぎの良さ。フルーティな甘味と独特な苦味が渾然一体となった、他に類を見ない独創的なチキンカレーにはファンも多く、今でも行列が絶えません。

この2店のカレーに共通するポイントとしては、「小麦粉を使っていないこと」「スパイスがガツンと効いていること」、そして「具材がシンプルであること」という3点が挙げられると思います。欧風カレー系をはじめ、他にもいろいろなカレー屋さんに連れて行ってもらっているはずなのに、子ども時代を振り返ると、不思議とこの2店のことばかりが思い出されるのは、そこに私の「好きなカレー」の特徴が大きく現れているからなのでしょう。子どもながら、なかなか渋いチョイスだなと思いますが、この時点にしてすでに、自分が将来志ざすことになるカレーの方向性が決定付けられていたのだなと、感慨深いものがあります。

なお、現在自分が飲食の道に進んだこともあり、子ども時代のとんがった外食は、もしや両親による食育の一環だったのでは？　と思い至り、ある時、真意を聞いてみたことがあります。そして、その答えは「いや、自分たちが食べたいものを食べに行っていただけだけど？」。そりゃそうです、食いしん坊が「食べたいもの」に妥協するわけがないのです。

両親の「食べたいものを、欲望の赴くままに食べる」というスピリッツは、間違いなく今の私にも受け継がれています。ある意味で、二人の〝無意識〟レベルでの食育は、成功も成功、大成功だったわけです。

〝カレー縛り〟の食べ歩き生活

「将来はカレー屋さんになりたい」

私が、そんな夢を抱くようになったのは小学生時代のことです。でも、その頃はまだ漠然としたものでしかなく、実際、卒業文集には「将来の夢：漫画家」と書いたことを覚えています。母親の影響ですね。私も、まだまだ子どもらしいところがあったのでしょう。ですが、高校生になった頃には、「カレー屋になる！」という目標が自分の中で明確化し、学校の友だちにも公言するように。それに伴い、小中学生の頃から始めていた食べ歩きも、徐々にカレーに特化したものになっていきました。

高校生になってからは、アルバイトを始めたこともあり、軍資金にも少し余裕が出てきました。とはいえ、そこはまだ高校生。一緒に行く友だちの嗜好もバラバラだし、使える金額にも限りがある。自ずと、カジュアルなお店に行くことが多くなりました。つまり、（当たり前ですが）カレー専門店以外が選択肢になるわけですね。ですが、そんな状況にあって、私は自分の外食に、ある〝縛り〟を設けていました。それは、「どこに行ってもカレーを食べる」というものです。

友だちと遊園地に行っても、私は一人だけカレーを食べました。ファミレスのような「何でもある」お店でも、カレーが売りではないお店でも、もちろん選ぶのはカレーです。うどん屋さんに行けばカレーうどん、蕎麦屋さんに行けばカレー南蛮、牛丼屋に行けばカレギュウ（カレーと牛丼の合い盛り）、という具合に。

牛丼屋のカレーといえば、やはり「松屋」ということになります（ちなみに、「カレギュウ」は松屋のメニュー名です）。高校生から大学生にかけては、本当によく食べていました。いや、今もけっこう食べているかも。

　そうそう、松屋のカレーといえば、私が大学生の時に、実は大きなモデルチェンジがあったことをよく覚えています。その頃は、どちらかと言うとムルギーに近い、玉ねぎの味わいがしっかりめのスパイシーなカレーで、当時の私は「牛丼チェーンでこんなカレー食べられるなんて……すごい！」と、えらく感動していたものです。今も十分に美味しいカレーを提供されていますが、あの頃のカレーをもう一度食べたい、昔の味にモデルチェンジしてもらえないだろうか……いや、それが無理なら復刻でもいいんで、なんとか！　などと、無茶な願いを胸に秘めていたりするのでした。

　なお、私はお酒も大好きなのですが、大学時代の飲んだ後のシメは、もっぱら松屋でした。こんな時間にこんなガッツリ飯を……という背徳感を味わいながら食べるカレギュウの美味しかったこと、美味しかったこと。そんな若かりし日の自分を思い出すと、そのワンパクさが眩しくてなりません。

　それからもう一つ、高校時代の食べ歩きで特に思い出に残っているのが、野球観戦で食べたカレーライスです。

　当時、仲の良かった女友だちとの共通の趣味が野球でした。推しのチームは皆バラバラでしたが（私は巨人一筋）、学校帰りによく連れ立って明治神宮野球場や東京ドームへと観戦に行ったものです。で、そういうところへ行くと、売店に必ずカレーライスがあるのです。球場で食べるカレーは、レトルトカレーに毛が生えたくらいの、正直に言えば凡庸かつチープなものでしたが、当時はやけに美味しく感じたのを覚えています。

この球場カレーを通して、私は食べる環境の大切さを学びました。やっぱりカレーは——いや、多くの食事がそうなのかもしれませんが、カジュアルな雰囲気の中で、気心の知れた人と一緒に食べる時が一番美味しいものです。私が魯珈を始めようという時に、楽しく、気さくな雰囲気作りを心がけようと思ったのは、この頃の友だちとの食べ歩きの日々の影響が大きかったのだなと、今ふと気がつきました。

「みんなに愛されるカレー」への感謝

先ほど挙げたような〝非〟カレー屋さんのカレーは、いわゆる小麦粉やルウを用いたものがほとんどです。そう、かつての私が苦手としていた方向性です。つまり私は、幼少期の好き嫌いをいつしか克服していたことになります。きっかけは、育ち盛りゆえの底なしの「食欲」でした。とにかく、お腹にガツンと溜まるものを欲していたのです。その点、小麦粉／ルー系のカレーはお腹がいっぱいになりますからね。おそらく、一般的には「ルー系のカレー→本格的なスパイスカレー」というふうに、だんだんと味覚が発達していき、それに伴い徐々に本格志向になっていくものだと思うのですが、そういう意味では、私は完全に逆転していたようです。でも、このことは、私にとても豊かな経験をもたらしました。「スパイスカレーが好きな人」から「カレー全般が好きな人」へと変貌を遂げていったことで、食べ歩きの範囲はどんどん広がっていき、結果的に、私という人間の「食」に対するキャパシティを飛躍的に拡張させたことは間違いありません。これは、のちに私が開くことになる「魯珈」という店にも、間違いなく、大きな影響を与えています。

もっとも、思い返せば、幼少期からルー系でも好んで食べていたカレーがありました。小学生の頃に通っていた英会話教室の帰りに必ず寄っていた「CoCo壱番屋（以下、ココイチ）」のカレーです。ココイチの良さは、おうちカレーの延長線上にありながら、そのリッチ版とも言うべき味わいを提供してきたことにあると思っています。おうちカレーと比べると、ちょっとだけ値が張るくらいの価格帯で、ちゃんとスパイスの効いた、いわば「本格感」を加味したカレーを日常的に食べられる環境を作った。これは本当にすごいことですし、もはや日本における「カレーのインフラ作り」といっていいレベルの偉業だなとすら思います。

なお、余談ですが、ココイチにはいろいろな思い出があります。例えば、創業時から2000年代初頭までやっていた「大盛りチャレンジ」メニュー。記憶の限りでは、ライス量1300グラムのカレーを20分で食べ切ればタダ！　という内容だったはずです。成功者は、店内に写真が貼り出され、名前と「何分何秒で食べ切れたか」というスコアが掲示されました。このライスとカレーを合わせて2キロを超えるであろうメニューに、高校時代に付き合っていた人が挑戦したことがあります。結果は、あっさり玉砕……。私は、沼のようなカレーを前に術なく撃沈していく彼氏を隣でただ眺めていることしかできず、あれは、なんとも気まずい時間でした。失格を宣告された後、残

った カレーを一緒に食べたのも良い思い出（？）です。
少々脱線しましたが、私は、ココイチのカレーを通して、「みんなに愛されるカレー」には、やはり愛されるだけの理由があるんだなと気づかされたようなところがあります。そして、「親しみやすく、でも本格的でもある」というバランスのカレーが身近にあったからこそ、それを起点に、食べられるカレーも、さらには、自分の「美味しい」の幅も広げていくことができた。あらためて、ここに感謝の言葉を残しておきたいと思います。

カレーとラーメン

さらに大学生になると、アルバイトに割ける時間が増えたことで懐に余裕が生まれ、食べ歩きにより精を出すようになりました。高校生の時はなかなか行くことのできなかった、カレー専門店に足繁く通い出すのもこの頃からです。

当時、私がもっとも衝撃を受けたのが、カレー激戦区・神保町を代表するお店の一つである「エチオピア」さんです。初めて食べた時は、強烈に主張するクローブとカルダモンの香りに、「なんてスパイシーなんだ！　私は、こういうカレーを求めてたんだよ‼」と、心の中で快哉を叫んでいました。ルー系のカレーの魅力にも気づいた高校時代を経て、「やっぱり自分は、スパイスのガツンと効いた本格的なカレーが好きなんだな」と、いわば原点に立ち返らせてくれたカレーでした。

エチオピアさんには、ボルツさん同様に「辛さを選べる」というシステムがありました。以前より、さらに辛いもの好きに磨きがかかりつつあった私は、「次は辛さ●倍に挑戦しよう」と、大きな山を前にした登山家のように心を燃やしていました。エチオピアさんのカレーは、食べている時は口中がヒリヒリするくらい辛いのに、食べ終えて一〇分くらいすると、あら不思議、辛さがすっときれいに引いているのです。そして、その引いた時に「ああ、また食べたい！」と思えてくる、その恐ろしいまでの中毒性にやられました。将来店をやる時は、絶対こんなカレーを出すぞ！　と、自分の向かうべき方向性がよりはっきりとしたお店の一つです。

　私のようにエチオピアさんのカレーに魅せられ、その強い影響を受けた作り手というのは少なくなく、同業者にファンが多いのも、このお店の大きな特徴です。場所柄、学生やサラリーマンのお客さんが多く、店構えもカジュアルなカレースタンド風。テーブルに福神漬けが置かれているのも、その大衆的な雰囲気に一役買っています。にもかかわらず、あんなにもエッジーなカレーが食べられるというギャップに驚かされ、みんな虜になってしまうのだと思います。日本でも唯一無二の存在であり、スパイスカレーの殿堂入り間違いなしの名店です。

　それから、大学時代の食べ歩きといえば、ラーメンのことも忘れてはなりません。

　現在のカレーブームに先駆けて、外食における大きなムーブメントとなっていたのがラーメンです。私が熱心にラーメンを食べ歩くようになったのは、大学一年生頃から。ちょうど「斑鳩」「渡なべ」といったお店が大きな話題を集め始めていた時代です。私同様、食べ歩きが趣味の友だちと放課後に連れ立っては、名店、話題店、新店をめぐる日々を送っていました。この時に習慣となった、カレー&ラーメンから成る食べ歩きの二本柱は、今に至るまで変わっていません。

カレーとラーメンは、それぞれ独自のファン層があるというイメージが強いかもしれません。確かに、大きく分ければ、友だちはラーメン派、私はカレー派でした。でも、自分を含めて「どちらも好き」という人間も珍しくないように思います。というのも、カレーもラーメンも、比較的自由度の高いジャンルであるという共通点があります。まず、カレーはスパイスの調合をベースに組み立てていく料理です。そしてラーメンも、さまざまな出汁素材の配合を考えて、その要ともいうべきスープを作っていく料理です。つまり、調理の工程が比較的近い。また、ツボさえ押さえれば、けっこう何をやってもカレーはカレーに、ラーメンはラーメンになる。そんな懐の深さにも、相通ずるものを感じずにはいられません。実際、私は日頃からSNSを通じて「ラーメン好き」「ラヲタ」を自称してきたのですが、それが後年、ラーメン屋さんとのさまざまな交流やコラボレーションへと繋がっていった経緯もあります。こうした異業種間の結び付きは、私がカレー〝だけ〟を好み、カレー〝だけ〟を食べ続けていたら生まれなかったものですし、カレーとラーメンとの距離の近さの一つの証明でもあるように思います。自分の料理（カレー）に幅を持たせてくれた存在として、「カレー以外」への愛と感謝も忘れてはいけないなと痛感しています。

魯肉飯との出会い

「カレー以外」といえば、私はカレーを含む、いわゆる「エスニック料理」と呼ばれるジャンル全般が大好きです。そして、そのことが、私の料理に与えた影響は計り知れないものがあります。

私は、幼少期に英語を習っていたこともあり、大学では国際文化学部の英文科に進みました。国際文化を学ぶということは、他国の文化を学ぶということであり、それは当然、世界の多様な食文化を知ることとも繋がります。そういう意味では、カレーという異国にルーツのある食文化を生業とする今の生き方に、大学時代の学びが生きている、なんてことも言えなくはないかもしれません。

大学時代は、海外旅行にもよく行っていました。やはり勉強した英語を使おうと思ったら、旅に出るのが一番ですからね。もっとも、大学生のバイト代・お小遣いで行ける範囲は限られているので、行き先は比較的近いアジア圏が中心になりました。そこで食べた料理の数々も、私にとって大きな糧となりました。特に大好きになったのはタイカレーです。香草を上手に使った、ハーブカレーとも言うべきその料理は、それまで食べてきたインド式や日本式のカレーとはまったく異質ながら、すんなりと私の口に馴染みました。

思えば、魯珈の看板メニューの一つである「魯肉飯《るーろーはん》」も、アジア圏ではポピュラーな料理です。豚バラ肉を八角の効いた甘辛いタレで煮込みライスに載せたもので、2010年代後半に起こった台湾ブームで、日本にも広く浸透しました。私は旅行中に、本場・台湾に限らず、けっこういろいろな国で同種の食べ物を見かけました。中国系の人たちは、アジア圏のどの国にも住んでいるので、彼らのソウルフードとして広く分布したのでしょう。日本人のソウルフードである寿司が、世界中どこでも食べられる感覚に近いと思います。

もっとも、私は海外旅行で魯肉飯と出会ったわけではありません。きっかけは、大学時代のアルバイトでした。

当時、大学受験で一浪し、入学時には貯金が限りなくゼロになっていた私は、何はさておきアルバイト先を探さなきゃ、と焦っていました。そんな時、たまたま家の近所にグランドオープンするお店があること、そしてアルバイトを募集していることを知ります。それが、かつて渋谷の道玄坂にあった「鬍鬚張《ひげちょう》魯肉飯」でした。

鬍鬚張魯肉飯は、ヒゲの生えたおじさんが描かれた黄色と赤の看板が目印の、台湾発祥の魯肉飯店です。日本でもチェーン展開していた過去がありますが（そのうちの一店が、件の渋谷のお店です）、現在は石川県野々市市にある金沢工大前店を残すのみとなっています。魯肉飯と、細切り蒸し鶏肉をご飯にのせた鶏肉飯《じーろーはん》が二大看板メニューです。

この店でのバイトが大学生の私にとって最高だったのは、服装が自由だったことに加えて、賄い付きだったからです。もちろん、賄いも魯肉飯（or 鶏肉飯）です。当時日本では、まだ魯肉飯という食べ物はマイナーな存在と言ってよく、私を含めて、鬍鬚張魯肉飯が東京に進出してきたことで初めて知った、という人も少なくなかったのではないでしょうか。

そんなわけで、魯肉飯との出会いは偶然だったわけですが（もちろん、のちに海外旅行などを機に出会う運命にあったとは思いますが）、実際にバイトに入って実物を目の当たりにした時、なんて美味しそうな食べ物なんだろう！　と胸がわくわくしたのを鮮明に覚えています。そして何より、賄いで実際に食べたそれの美味しかったことといったら！　一発でその魅力の虜になりました。味の決め手となる八角の香りがなんとも鮮烈で、驚かされつつも、不思議とすぐに親しみを覚えている自分に気がつきました。当然のことながら、八角もスパイスです。やはり、自分の中でカレーに通ずるものを感じていたのでしょう。

南インドカレー沼にハマる

魯珈に直結する、ルーツ的な味といえば、魯肉飯の他に忘れてはいけないのが「南インドカレー」の存在です。

のちに、カレー界で一斉を風靡することとなる南インドカレーも、当時はまだ知る人ぞ知るマニアックな存在でした。東京で食べられるお店も限られていて、麹町の「アジャンタ」さん、八重洲にあった「ダバ・インディア」さん（八重洲エリアの開発により閉店）と「南インド料理ダクシン」さん（現在は大手町と東日本店で営業）が比較的ポピュラーだったと記憶しています。

私が初めて南インドカレーを食べたのは、アジャンタさんでした。

1957年に阿佐ヶ谷で創業した老舗アジャンタさんは、南インド料理をメインに据えてはいましたが「専門店」ではなく、他にもナンとの組み合わせでお馴染みの北インド料理などもラインナップされていました（現在も同様です）。このお店のマトンカレーとラッサムをいただいた時の衝撃は、今でも忘れられません。そして、自分の店を持つ前にカレー専門店で修行するなら、ぜひこういう本格的なインド料理を出すお店で、と修行先のビジョンが明確になりました。その後もダバ・インディアさんをはじめ、さまざまな南インド料理店を食べ歩きましたが、基本的なメニューであるラッサム一つとっても、お店によって味わいが大きく異なるのが面白くて、まさに沼にハマり込むように、その世界に魅了されていきました。

さて、私の経歴をなんとなくご存知の方は、そろそろ南インド料理店「エリックサウス」での修行時代の話になるのかと思われるかもしれません。しかし私は、実はここから、しばらく紆余曲折の旅へと出ることとなります。

というのも、将来カレー屋になるための修行先は一つである必要はないよな、と思ったのと、一度企業に就職して、そこからカレーという料理を眺めてみるのも面白いのではないか、と考えたからです。そして、日本におけるカレー業界最大手であるココイチさんに応募し、過剰なカレー愛をお伝えしたところ、運良く内定をいただくことに。これは本当に嬉しい経験だったのですが……最後の最後に辞退する選択をしてしまいました。もちろん、ココイチさん側に非があったわけではありません。そもそも、辞退の理由には「カレー」すら無関係だったのです。

実は、私は大学の4年間、ずっとダンスをやっていました。当時は、EXILEなどのダンスグループが人気で、恥ずかしながら私は、流行りものが大好きだったので時流に乗った形でしたが、大学4年生になる頃にはダンスでお小遣い程度は稼げるくらいになっていました。それでつい「卒業後はダンサーとしてやっていこう」と思ってしまったのですね。はい、「ザ・若気の至り」です。もちろん、カレー屋になるという夢を忘れてしまったわけではありません。でも、若いうちはもうちょっといろいろなことに挑戦してみてもいいんじゃないか、そんな思いもあったのです。「ダンサーになりたい」という話を、ココイチの採用担当者さんに正直に打ち明けたところ、たっぷり4時間は説得されたでしょうか。最終的には「頑張ってくださいね」と送り出してくださいましたが、あの時は本当に申し訳ありませんでした……。

脱線、脱線、また脱線……

その後、私は約2年間のフリーター生活を経験することになります。

当初は、大学時代のバイト先である鬍鬚張魯肉飯と、友だちに「一緒にやろう」と誘われた居酒屋でのバイトを並行させて生活費を賄い、ダンスを続けていくつもりでした。しかし、内定を蹴った直後に、愛する鬍鬚張の閉店が決定。しかたがないので、バイトは居酒屋一本に絞ることに。当時はスタジオに所属していて、レッスン場で知り合った子たちとチームを組んだりしながら、ダンスに明け暮れる日々を過ごしていました。ありがたいことに、お仕事を紹介してもらうこともちょくちょくあり、テレビの音楽番組でバックダンサーを経験したりしたことも。大好きなダンスを中心に据えた生活は、それは充実したものでした。でも、2年ほど続けたある日のこと、「やっぱり、カレーの道に戻ろう」と思い直すタイミングが訪れました。「もう、ここが自分にとっての、ダンサーとしてのてっぺんだな」という、厳しい現実に気づいてしまったからです。上には上がいて、自分はもうこれ以上は上手くならないないだろう、ということが直感的にわかってしまった瞬間でした。完全に挫折に近い心境でした。

こうして私は、ダンスから足を洗って、ちゃんとカレーに向き合おうと決意をしたのでした。

……が、そうは問屋が下ろしませんでした。せっかく本道に戻ろうと決意した矢先に、私のふらふら癖が再発してしまったのです。どういうことかというと、ダンスをやっていた流れで、うっかり女性用のフィットネスクラブに就職してしまったのです。もはや、自分の行動ながら謎すぎますね……。

こうしてインストラクターの職を得た私ですが、そのジムでは、お客さまに対して痩せるためのアドバイスをするのも仕事の一環でした。でも、食べることが人一倍好きな自分は、人に「あれを食べないでください」「これを食べないでください」と伝えるのが苦痛で苦痛で……。こんなのは私のやりたいこととは違う！　と次第に思い悩むようになり、結果的にジャスト1年でやめることになりました。

若い時は、まあ脱線することもあるではないですか。そんなわけで、脱線に脱線を重ねた私は、ついに脱線することに満足したのか、はたまた、もう他に脱線する先がないところまで行き着いてしまったのか、今度こそ本当にカレーの道に戻ることを決意し、修行の日々へと歩み出すことになります。

第2章
修行時代のこと～エリックカレーとエリックサウス～

エリックカレー時代のこと

私が約7年間修行をした「エリックサウス」は、日本における南インドカレーブームを牽引したお店の一つです。その経営母体である「円相フードサービス」は、1997年に岐阜県の一軒の居酒屋からスタートした会社ですが、現在では東京をはじめ、全国でさまざまな形態の飲食店を展開しています。

同社の経営するカレー屋としては、2011年に東京駅八重洲地下街にオープンしたエリックサウスがもっとも有名で、そこは私の出身店ではあるのですが、正確に言うなら、その前身となる「エリックカレー西新橋店」が最初に修行をした店なのです。その後、いろいろあって（また後述します）八重洲店に移ったので、私の修行期間は、エリックカレー西新橋店＋エリックサウス（八重洲店）＝7年、ということになります。

今はなきエリックカレー西新橋店は、イートインとテイクアウトを両方やるカレー屋でした。虎ノ門駅、新橋駅、内幸町駅と最寄り駅こそたくさんありましたが、どこからもちょっとだけ遠いという微妙な立地で、少なくとも当時は、食べ歩きを目的としてわざわざ行くようなエリアではありませんでした。オフィス街ゆえに、ランチがメインのお店が大半を占めていて、日中は勤め人でそれなりに賑わっていますが、夜になると人通りがほぼなくなる——そんな場所でした。

エリックカレーで提供していたカレーは、現在のエリックサウスのメニューとは大きく内容が異なっていました。まず、南インドに特化していません。言うなれば、「南インドカレー〝も〟やっている」という感じで、北インド系のカレーもあれば、タイカレーもあり、なんなら「昭和ドライカレー」なんていう思いっきり日式なものまでもラインナップされていました。さらに、その時々で新作が加わったりと、比較的フレキシブルにメニューが変化する店でもありました。

私がエリックカレーに入社したのは2009年のこと。同店がオープンして2年目くらいの頃でした。出会いに関しては、ことさらドラマチックなエピソードがあるわけではなく、普通に求人サイトで募集を見つけたのがきっかけです。

フィットネスクラブをやめた後、私はすぐさまカレー修行のできるお店を探し出しました。まずはとりあえずと、ネットの求人サイトの検索欄に「カレー」と打ち込んだところ、一番上に出てきたのがエリックカレーだったのです。ちょうど前の店長さんがやめるタイミングだったようで、次期店長候補を募集しているとのことでした。加えて、「独立希望者大歓迎」とあったので、修行にうってつけじゃないか、これしかないぞ！　とすぐに応募しました。

おそらく、読者の皆さんは「他にもいろいろ当たってみたらよかったのに」と思われたことでしょう。でも当時は、私が修行先として希望していた、本格的なインドカレーを出すお店の求人はほぼ皆無だったのです。もちろん、お店自体はあります。でも、本格的なお店であればあるほど、キッチンはインド人の方たちの聖域のようになっているケースがほとんどで、日本人向けの募集は、あってもホールスタッフがせいぜい。日本の南インド料理のパイオニアである、前述のダバ・インディアさんなども調べてみましたが、やはり募集はホールスタッフのみでした。

そんな中で、唯一厨房での募集を出していたカレー店がエリックカレーだったのです。正直に言えば、エリックカレーには行ったこともなければ、名前すらも知りませんでした。でも、スパイスに重きを置いた手作りカレーを出していて、しかもスタッフは日本人のみ。これなら、頑張れば自分もカレーを作らせてもらえるに違いない、と思ったのです。

こうして面接に漕ぎつけた私は、円相サービスの社長である武藤洋照さんに持ち前の過剰なまでのカレー愛をぶつけたところ、無事採用が決定。晴れてカレー修行の日々がスタートすることとなりました。

カレー人生の危機！

エリックカレー西新橋店は、当時、３人で回していました。まずは、もともと働かれていたパートさん。それから、私と同期で入社した男性、そして私です。私が応募した際、採用枠は「１人」

ということになっていたのですが、実はほぼ同じタイミングで応募してきたのが彼で、もともと都内のカレー屋さんで働いていた実績もあり、「これは！」と採用になったそうです。

必要最低限の人数での営業だったため、私の願い通り、毎日厨房に立ち、カレーを作ることができました。その意味では、最高の環境でした。でも、その分、忙しさは半端なものではありませんでした。そしてさらに、途中から売上増を目的とした移動販売車営業も始まったことで、その忙しさは、さらに過酷なものとなっていきました。店舗の数こそ変わりませんが、移動販売車で他所に移動して営業するとなると、実質的にもう1店増えるのと同じです。しかも、スタッフの数はこれまで通り3人のまま……そりゃ大変に決まっています。

当時のスケジュールは、およそこんな感じでした。

まず、朝出勤したら、スタッフ総出で仕込みをします。昼に出すカレーを作ったら、日中に移動販売車に乗って売りに行くのは私の担当だったので、所定の場所まで移動して営業。店舗は店舗で、これまで3人でやっていたところを2人でまかなわなければならないため、やはり大変です。外での販売を終えた私は、再び店に戻り、2人に合流。そのまま21時の終業まで働きました。

この過酷な日々を通して、私は確実に料理人として成長することができました。しかし同時に、その忙しさによって、大きな挫折を経験することにもなりました。

私は、基本的に勢いでやってしまうタイプで、加えて「とりあえず、自分が頑張ればいいや」と考えがちな性格だったこともあり、「休まなくても大丈夫！」と自分を過信している節がありました。これが災いしたのでしょう。ある日、通勤中に突然すごい眩暈と過呼吸に襲われ、倒れて救急車を呼ぶ事態に……。その後も、体調不良を押して仕事を続けていたのですが、出勤する電車に乗っている時に、あと1駅で着く、というところで再び倒れてしまいます。

当時の私は、「まだまだ働けるのに！」「なぜこんなことに？」と、自身の体調不良の原因が理解できていませんでした。でも、今から考えれば、自分のキャパシティを超えて働いていたことが原因だったのだと思います。

救急車で運ばれた病院で、私は、パニック障害と診断されました。正直、自分にはまったく無縁なものと思っていた病気だったので、すごくびっくりしました。そして、二度目に倒れてからは、体調が悪すぎて一人で電車にも乗れなくなってしまい、結局丸2ヶ月、仕事を休むことに……。

突然、自分の世界が変わり果ててしまったかのような気分でした。仕事に行けないばかりか、食事も喉を通らず、あんなに大好きなカレーすらも食べられなくなってしまったのです。できるのは、本当にただ寝ていることだけ。ここまで自分ではどうにもならない状態になってしまったのは人生初だったので、本当に戸惑いました。そして何より、店に迷惑をかけてしまったことが申し訳なくて、自分の不甲斐なさが辛くてなりませんでした。

社長は、「ゆっくり休んでね。体調が良くなってきたら、徐々に復帰してくれればいいよ」と、すごく優しい言葉をかけてくれました。でも同時に、「たぶん、体力的に独立するのは難しいかもね」という、現実を見据えた助言もありました。そして私も、当時のあまりの体調の悪さに、「確かに、無理かもしれないな」と思ってしまったのでした。ものすごくこたえましたし、めちゃめちゃヘコみました。

幸い、徐々に体調も持ち直してきて、2ヶ月後には、無事職場に復帰することができました。さらには、「大丈夫、独立できる」と自信を持てるところまで、精神的に復活することもできた。人の生命力って、すごいですね。

ただ、この時の経験から大いに反省した私は、「辛い時はちゃんと休む」ということを徹底するようになりました。それまでは、風邪を引いていても働いてしまうし、厳しい状況でも率先して「私がやります！」「経験させてください！」と飛び込んでいってしまうタイプだったのですが、以来、自分的に「これ以上は無理」というラインをちゃんと決めて、そこを越えないよう、加減できるようになったなと思います。

もちろん、私のように倒れずに、無理な状況でも乗り越えてしまえる強靭な身体と心の持ち主もいると思います。でも、自分には無理だったし、単純に当時はまだ経験も浅く、自身の体調管理すらままならなかったという面もあるでしょう。つまるところ、若気の至りでオーバーヒートしてしまった格好ですね。

人には「絶対」はありません。自分は楽観的だから大丈夫だと思っていた人が鬱病になってしまうこともありますし、私のように元気が取り柄だと思っていた人間が、こんな具合に働けなくなってしまったりもします。まさに「過信は禁物」です。

つくづく思うのは、倒れるのが独立する前で良かった、ということです。もし、独立して自分の店を持つようになってから同じような事態に見舞われていたとしたら、店を閉めることになっていたかもしれませんし、最悪の場合、本当にそこで私のカレー人生は終わっていたかもしれません。そういう意味では、早くに学びの機会を与えてもらったことに、たいへん感謝してもいるのです。

南インドカレーブーム前夜のエリックサウス

2011年、東京駅の八重洲地下街に南インド料理専門店「エリックサウス」がオープンすることが決まります。私がエリックカレーで働き出して3年目を迎えた年のことです。

エリックサウス時代の私

エリックサウスのオープン後も、私は継続してエリックカレーで働いていました。しかし、会社の中で、エリックカレーは畳んでエリックサウスに集中する、という方針が決まります。こうして、私はオープンから半年遅れというタイミングで、エリックサウスへと合流することとなりました。

エリックサウス八重洲店は、カジュアルな営業形態で、いわばスタンドカレー的な気軽さで本格的な南インド料理が食べられるのが売りのお店でした。オープンから現在に至るまで、メニューの構成は大きく変わっておらず、南インド料理における定食的な位置付けのプレート「ミールス」と、インド版炊き込みご飯である「ビリヤニ」が看板メニューです。お客さま同士の椅子の距離もすごく近く、店の作りもそれほど凝ったものではありません。いわば、吉野家感覚で食べられるけれど、カレーはめちゃめちゃ本格的——そういう意味では、ちょっと神保町のエチオピアさんを思わせるところがある店かもしれません。

オープン当初は、まだそこまで南インド料理の存在が広く知られていなかったため、今のような「行列の絶えない店」ではありませんでした。東京駅は、外資系企業に勤めている方や、旅行者も多く、つまりトレンドに敏感なお客さまが多かったはずなのですが、それでもまず「ミールスとはなんぞや?」というところから説明しなければならなかったのは、少し意外でもありました。そのくらい、カレーマニアの中でしか知られていない存在だったかもしれません。

やはり、カレーなのに「酸っぱい」というのが混乱を招き、特に理解されなかった部分なのではないでしょうか。少なくとも、従来のカレーにはほとんどなかった味わいなのは事実です。実際、他のものは食べられても、酸っぱいスープ状のカレーであるラッサム(もはや、これを「カレー」と呼んでいいのかどうかは、議論を呼びそうなところもありますが、あえてここでは、この呼称を用います)だけ残されるお客さまも少なくありませんでした。

また、ミールスに組み込まれていたヨーグルトも、どうしていいか分からない異物として映っていたようです。それもそのはず、ヨーグルトは「＝デザート」という刷り込みが強固です。でも、エリックサウスのそれは無糖で、まったく甘くありません。しかも、隠し味ではなく、ダイレクトにカレーに加えよと言われても、そんなマナーは、従来の日本のカレー文化の中にはほぼありませんでしたから。つまり、当時はヨーグルトが何のために付いているのか、お客さまに理解してもらえていなかったのです。そうした事情もあり、最初の頃は、お客さまにサラダかヨーグルトを選んでもらう設定にしていました（そして、多くの人がサラダを選んでいました）。

また、ビリヤニはさらに認知度が低かったので、最初の頃は、メニューに「インド式パエリア」という説明書きを加えていました。バスマティライスという細長い米も、よく「これはお米なんですか？」「パスタを細かく切っているんですか？」などと聞かれたものです。

それがいまや、ラッサムを残す人はいなくなり（なんなら、喜んでお代わりされるようになり）、ミールスのサラダは廃止され、ヨーグルト一択になっても何も問題がありません。バスマティライスも、カレー通ではなくても知っているポピュラーな存在となりました。さらには、コンビニでビリヤニ弁当が普通に売られている世界線を、今の私たちは生きているのです。しかも、その監修はエリックサウス！　あの時代を知る人間としては、「ああ、時代は変わったんだな」と感慨もひとしおです。

こうした大きな変化は、私がエリックサウスに在籍していた約4年の間に急速に進んだという印象があります。おそらく、オープンのタイミングがものすごく良かったのでしょう。水面下で徐々に盛り上がりつつあった南インドカレーが、ブームとして勃興しようとする、まさにその瞬間にジャストヒットする形で登場したエリックサウスの行列は、日に日に長く伸びていくことになります。

「混ぜる」カルチャーのもたらしたもの

南インドカレーブームの始まりを、今の時点から振り返ると、個人的にはやはり八重洲というエリアが大きな鍵を握っていたように思えてなりません。同地には、まずダバ・インディアさん、ダクシンさんというパイオニア的存在のお店があり、マニアの間ではある種の聖地として認識されていました。そこに、新たに出店したエリックサウスにメディアが注目し、「八重洲が南インドカレーのメッカに?」「南インドカレーブームの到来!」などと取り上げているうちに、「そうなのか、それは食べておかねばなるまい」という具合にお客が集まり、本当に流行ってしまった、みたいなイメージです。ただ、それだけでは一瞬で収束したかもしれず、そこからさらなる盛り上がりと定着を見せた背景には、南インドカレーが日本人にとって親しみやすい味だったから、という食文化的な観点からの考察も必要ではないでしょうか。

例えば、前述のラッサムを思い出してみてください。このさらさらとしたスープ状のカレーをライスとセットでいただくのが、南インド料理というジャンルにおける一つの「基本形」としてあります。そして、このたいへんシンプルな味わいは、飽きることがありません。これは、日本におけるご飯と味噌汁の関係によく似ています。私たち日本人は、この「米＋一汁」を基本に、そこにプラスする形で「一菜」、つまりおかずを足していくことで食卓を作り上げます。これは「ラッサム＋バスマティライス」を基本に、そこにカレーやおかずをプラスしていくミールスの組み立て方にも通ずるものがあります。さらに言えば、ラッサムやサンバルの酸味の元になるタマリンドは、日本人にお馴染みの梅干しを想起させる味わいでもあります。最初は「これは果たしてカレーなのか？」という疑問が浮かんでも、どこか親しみのある味わいに二度、三度と店に通ってしまい、気づいた時にはもう、すっかり身体に馴染んでしまっていた――そんな経験を多くの人がしてきた結果、南インドカレーは私たちの「日常」になったのではないか。私は、そんなふうに想像しています。

そして、この南インドカレーの浸透によって、日本のカレー界に生まれた新しいカルチャーがありました。それは「複数のカレーを混ぜて楽しむ」という視点です。このことは、日本のカレーという料理にとって、パラダイムシフトと言っていいほどのインパクトを持っていたように思います。

それまでの日本のカレーは、いわゆるカレーライスのように、一種類のカレーに対してライスがある「1：1」の形が一般的でした。あるいは、本格的なインド料理として一足先に市民権を得ていた「ナン＋カレー」の北インド式にしても、複数のカレーが一緒に並ぶことはあっても、異なる味をそれぞれ個別に楽しむのが一般的でした。しかし、南インド料理のミールスは、まずそれぞれのカレーを味わってから、徐々にラッサムとチキンカレーを、サンバルとフィッシュカレーを、といった具合に混ぜ合わせながら食べ進めていくのが一般的です。3つ以上を、なんなら全部を混ぜて食べても美味しい。肉系と魚介系を一緒に食べるのだってアリです。

思うに、それ以前は、そうした食べ方に抵抗がある人が多かったのではないでしょうか。複数のカレーが混ざることで、よく分からない味になってしまったり、ともすれば「マズイ」ものになってしまうのではないか、と。その気持ちも分からないではありません。そもそも「混ぜる」ことを前提に作られていないカレーを混ぜて食べたら、そうなることだってあるでしょう。しかし、その点、南インドカレーは、混ぜて食べることを前提に作られた、混ぜることで美味しくなるカレーだったのです。

まったく方向性が異なる味わい同士なのに、混ぜて食べても違和感がない。むしろ、混ざることによって、肉と魚のダブルスープ的な、旨味の相乗効果が生まれていく。サンバルやラッサムなどは、それだけ食べたら初めての人は「なんじゃこりゃ」みたいになるかもしれません。でも、他のカレーに混ぜると、あら不思議。単体では過剰に感じられた酸味（もちろん、慣れれば平気になりますし、単体で食べても美味しいですが）がよいアクセントになり、味にメリハリを出してくれるのです。

混ぜることによって、より美味しくなる。通例、一緒には食べないもの同士を組み合わせることで、味の相乗効果を生む——このミールスの計算式こそが、魯珈の看板メニューである「ろかプレート」の原点にあります。普通に考えれば、カレーと魯肉飯は異質な存在同士で、一つの皿に載ることはまずありません。でも、南インドカレーの方法論にのっとれば、全然アリなのです。むしろ、美味しさのために、積極的に合体させるべし、ということになる。そしてこれは、そのまま現在日本を席巻している「スパイスカレー」のあり方そのものと言っていいのではないでしょうか。

大阪を起点に、日本中へと浸透しつつあるスパイスカレーは、ワンプレートにさまざまなカレーやおかずを盛り付けるスタイルを基本としています。仕切りもなく、もはやカレーとカレー、カレーとおかず、おかずとおかずの境界線は「ほぼ無い」と言っていい状態です。もちろん、中には真ん中にライスを置き、左右にそれぞれ別のカレーを盛り付けるセパレート方式を採用するお店もありますが、これも食べ進めるうちに境界線は自然崩壊し、最終的には渾然一体となるのが常です。つまり、「混ざり合う」ことが前提に組み立てられたカレーであることが、スパイスカレーをスパイスカレーたらしめる最重要要素の一つなのです。

しかし、あらためて振り返れば、南インドカレーの発見以前から、私たちはラーメンのような料理を介して、「混ぜる」ことで生まれる美味しさに徐々に気づきつつあった、ということも言えるかもしれません。

長らく続くラーメンブームは、実に多様かつ独創的なスープを生み出してきました。その要となるのは、もちろん「出汁」です。魚介系出汁、とんこつ出汁、鶏ガラ出汁——これらを単体で味わうのはもちろんですが、探究心旺盛な作り手たちは、それには飽き足らず、Wスープ、トリプルスープと、さまざまな出汁を巧みに組み合わせて、これまでにない味わいを生み出していきました。こうしたラーメンカルチャーのあり方は、カレーカルチャーと深いところで呼応し合っているように私には思えてなりません。

ラーメンブームを経て、南インドカレーブームが到来し、さらに、その流れを受け継ぐように起こった現在のスパイスカレーブーム。流行というのは、さまざまなインパクトが複雑に絡まり合い、影響を与え合い、そして繰り返されていくことによって、さらなる発展を生むものです。そのことが、日本の外食産業を盛り立ててきた立役者である「カレーとラーメン」という二大巨頭の歴史からも窺い知ることができます。

殺人的な忙しさの中で得たものは

さて、ここで再びエリックサウスの話に戻ります。

ターミナル駅に隣接しているという立地の良さに加え、南インドカレーブームも追い風となり、八重洲のエリックサウスは、オープンからクローズまで、行列に次ぐ行列。ランチタイムこそ設定されていたものの、昼から夜までの通し営業で、立地的に人通りも途絶えないため、私が勤めていた時期は、30程度の客席は常に埋まっている状態でした。

そんなわけで、エリックカレーの閉店を機にエリックサウスへ移籍した私を待っていたのは、「殺人的」と表現したくなるほどの多忙な日々でした。それは控えめに言って、過労がたたって身体を壊した前店以上の忙しさであり、当時の記憶のほとんどが「とにかく、めちゃめちゃ忙しかった」という感想にほぼ塗りつぶされんばかりの勢いです。

　私が働いていた当時は、厨房の広さ的に調理はマックス3人が限界で、ホールも基本3人、計6人体制で店を回していました。ひたすらカレーを作り、ひたすらお客さまを捌いているうちに、気づいたら1日が終わっていた――本当に毎日、その繰り返しです。食事どころか、トイレ休憩すらままなりません。「誰から休憩に行く?」「今は無理です!」「あ、もうこんな時間! 今行かないとお昼抜きになっちゃう」「というか、誰もご飯食べてないじゃん」「もう、じゃんけんして勝った順に強制的に休もう」みたいな会話が日々繰り返されていました。広い店ではありませんし、6人もいたら順番で休憩くらい行けそうなものですが……それすら不可能な忙しさ。賄いを立ち食い状態ですませたり、かろうじてダッシュでトイレだけ、みたいな形でなんとか乗り切っていました。

　とにかく凄まじい労働量で、疲労困憊の日々でした。でも、今から思うと、あのとんでもない厨房を経験しておいて良かったな、と思います。エリックサウスで揉まれに揉まれたことで、「人は本当に追い込まれたら、とにかく何とかするし、何とかできるものなんだな」ということを、身をもって学べたのですから。人間、不可能はないぞ、という悟りを得たといいますか。おそらく、あれ以上に忙しい状況に置かれることは金輪際ないはずなので、もう怖いものはなくなりましたね。

　ただ、さすがにトイレに行けるか行けないかレベルの忙しさはしんどかったので、独立するとなった時は、ようやく自分のペースで仕事ができるぞ、という嬉しさがあったことも事実です。これから自分のやる店は規模も小さいし、やや奥まった場所にあって目立たないし、これまでのような忙しさからは解放され、のんびりやっていけるぞ、と。でも、そんな私の目論見は見事に外れ、再び怒涛の日々が始まることになるのですが……そのお話は、また後ほど。

そんなわけで、次章では、いよいよ独立を決意してからのお話をしてみようと思います。

第3章

独立へ！～「魯珈」誕生前夜～

甘すぎた事業計画書

私がエリックサウスをやめ、「魯珈」の店主として独立したのは２０１６年12月のことです。エリックカレー～エリックサウスで働いた期間は約7年間、当初の予定よりも、だいぶ長く働いていたことになります。

本当はもっと早く独立することを考えていました。入社時の段階で、社長にも「3、4年したら独立したいと思っています」とはっきり伝えてあったのですが、結局、店がものすごく忙しかったり、仕事もやればやるほどどんどん楽しくなってきて、やめる踏ん切りがなかなかつかなくなっていたのでした。正直なところ、「一生いたい」と思うくらいエリックサウスという店が好きだったので、このままずっと在籍させていただいてもいいのかも、もう骨を埋める覚悟で、などと思っていた時期もありました。でも、それじゃいかん！　独立して自分の店をやるために修行に来たんじゃないか、と自身の甘えと後ろ髪を引かれる思いを断ち切るようにして、半ば強引に独立を決意したのでした。当時、私は31歳になっていました。独立するにはパワーが要るのは間違いないので、できるだけ若いうちがいい、と思ったのも、決断する後押しとなりました。

礼儀として、まずは「独立を前提に働きたい」という自分を採用してくれた社長に、やめる意思を伝えようと思い、電話で恐るおそる「そろそろ独立しようと思いまして……」と切り出しました。そしたら、「お、ついに」という言葉とともに、「じゃあ、俺を納得させる事業計画書を作ってきてね」という、まったく思ってもみなかった返事が返ってきたのです。つまり、ちゃんとやれそうかどうかプロの目で見てあげよう、というわけですね。経営の素人である私にとって、このご提案は本当にありがたく、心強く感じました。

よし、いっちょ社長を唸らせるようなやつを作ってやるかと、私は、その時たまたま物件を探していたエリアを前提に、計画書を書き始めました。

魯珈は、結局大久保に店を構えることになりましたが、実はその前に、別の場所も検討していました。その有力候補だった場所の一つが、秋葉原です。アイドルやアニメなど、日本におけるカルチャーの発信地的な場所なので、自分が考える新しいカレーも受け入れてもらえるんじゃないかと思ったのです。また、秋葉原はそもそもカレー屋さんが多い。どうせ独立するなら、カレーのメッカで勝負をしたい。そして、そんな激戦区でトップを獲りたい。そんな思いもありました。ただ、現実には、秋葉原は家賃がものすごく高く、かつ、「これは」という良い物件に巡り会えなかったため断念することになるのですが。

そんなわけで、一番最初の事業計画書は、秋葉原での出店を前提に書きました。もちろん、そんなものを書くのは生まれて初めての経験です。でも、なんとかまとめ上げ、社長に見せたのですが、「はいはい、却下」とまったく取り合ってもらえませんでした。お話にならない、という評価だったわけです。そして、社長から問題点の数々を指摘された私は、自分がいかに子ども騙しな、詰めの甘いものを書いて出していたのかを思い知り、大いに恥じ入りました。

どういう方向性でやりたいかという、お店のコンセプト部分に関してはOKをいただけたのですが、それを成立させる上での現実的な視点が大きく欠如していたのです。端的に言って、毎月の固定収入と、絶対的にかかってくる材料費や光熱費といった固定経費のバランスが合っていなかった。今思うと、利益率が相当悪かったのだと思います。そもそもの問題として、やる気に満ち溢れていたくせに、あまり流行らない、収益の少ないお店の設定で事業計画書を作っていたのも良くなかったのでしょう。要するに、ちゃんと流行る店の事業計画書を持ってこいよ、ということですね。潰れる店を想定してどうするの？　と。

その後、秋葉原を諦めた後に出会った大久保の店舗を前提に、あらためて何度も計算をし直して、さまざまなバランスを吟味し、新たな計画書を書き上げました。何度か突き返されることになりましたが、最終的には社長の太鼓判をいただきました。そして、その計画書を大久保の店舗の大家さんに提出したところ、無事OKとの返事をいただけることに。

印象的だったのは、大久保の店舗の情報を見るなり、社長が「ここ、いいね」と即反応されていたことです。あらためて後述しますが、実はその大久保の物件については、自分的には自信があったものの、けっこう多くの人に「やめといた方がいいよ」と反対されていたのです。その時点では結論は出ていなかったとはいえ、結果的に魯珈は大久保に開店したことでこんなにも皆さんから愛していただける店になったのは間違いありません。そういう意味でも、やはりプロの目は違うな、と感動しました。円相フードサービスとして、これまでたくさんの出店を経験し、プロデュース・コンサルト業なども多数手掛けている辣腕振りは伊達ではありません。この場を借りて、社長、あの時は本当にお世話になりました。

スパイスの聖地・大久保

大久保という場所で店を始めることにした理由はいろいろありますが、やはり最大の決め手は、近くにスパイス屋さんのメッカがあることでした。

駅としては、JR新大久保駅の方が近いですが、通称「イスラム横丁」と呼ばれる一角があり、そこにはハラルフード店が立ち並び、異国情緒あふれる雰囲気に包まれています。そして、ここに来れば、ほぼ買えないスパイスはない、というくらいの品揃えを誇ります。

新大久保〜大久保エリアは、韓国カルチャーの発信地として知られていますが、カレー好きの間では、ネパール料理屋やスパイス店が豊富な街、というイメージの方が強いかもしれません。実際、カレー屋を営むプロはもとより、カレーを食べることに情熱を燃やし、時に自ら腕を振るうスパイスマニアが日々集います。そんな場所が徒歩圏内にあったら、どんなに便利なことでしょうか。

さらに言えば、大久保で店をやることは便利なだけでなく、私の作るカレーの味をも左右すると考えています。というのは、スパイスというのは鮮度が命なので、どんなに良いスパイスでも、封を開けてから時間が経ってしまうと、酸化して大事な香りが飛んでしまいます。私にとってカレーは、「まずは香り」なので、多少面倒ではありますが、まとめ買いをせず、少量ずつ買って、なくなったらその都度調達する、ということが大久保ならば可能になります。いわば、地の利を生かして、ちょこちょこ買いのフレッシュスパイスでカレーを作れば、間違いなく香りの強い、自分の理想とする美味しいカレーが作れるはず。つまりそれは、自分のカレーにとっての「強み」になると考えたのでした。

そんなわけで、秋葉原案がぽしゃってすぐに「やっぱり、スパイスの聖地・大久保だろう」と気持ちを入れ替えて不動産屋を当たってみたところ、偶然目に留まったのが、件の事業計画書内で想定した物件でした。のちに、実際に魯珈を出店する場所です。

店を始めるにあたり、最初から明確に決めていたのは、ワンオペで回せるくらいの10坪以下の小さな物件にしよう、ということでした。かつ、初期費用を抑えたいという気持ちもあったので、ラーメン屋の居抜きを狙おう、ということも決めていました。そして、偶然出会ったその物件は、まさに私の想定していた条件にぴったりだったのです。

立地は申し分ないし、家賃も安く、ラーメン屋の居抜きなので初期費用もかなり節約できる。不動産屋で見て、こんな良い条件で本当に空いてるのかな？　と半信半疑だったのですが、実際に見に行ったら、まさに私の理想の物件そのものが、リアルにそこにありました。しかし、です。「これは！」と思い、即決しようとしたところ、紹介してくれた不動産屋さんが「もっと他に、あなたに合った物件があると思いますよ」という調子で、あまり積極的にお勧めしてくれないのです。これには、ちょっと不安を覚えたのも事実です。また、引き継ぎをする際に、前のラーメン屋さんの店主にご挨拶をする機会があったのですが、彼曰く「ウチは全然流行らなくてね」。私には、ことさら悪い場所には思えませんでしたが、ここでラーメン店がまったく流行らないとすると、もしや問題のある物件なのでは……。

　ありがたいことに、結果として心配は杞憂に終わったわけですが、不動産屋さんは、新宿歌舞伎町のお隣ということもあり、治安面を心配してくださっていたとも考えられます（実際、何人かの友人からも「危なくない？」と言われました）。確かに、ワイルドな面もある街なので、女性が一人で店をやるにはハードルが高そうなイメージもあったのかもしれません。幸い、謎の酔っ払いに絡まれたりすることは何回かありましたが、特に何か被害に遭ったことは今のところありません。

　そんなふうに、不安視する向きもあった大久保という立地ですが、私は最初に下見に来た時から、直感で気に入っていました。確かに、表通りから一本道を中に入りますし、初めて来る方の目にはちょっと怪しい路地に映るかもしれません。でも、そんな場所でありながらも、最寄りのＪＲ大久保駅からの動線はものすごくスムーズです。また、日中はかなり人通りがあるので、店が目に留まる可能性は高いし、新宿の西口側からもアクセスできることを考えると、オフィスワーカーや、近くの大学に通う学生さんたちにも来てもらいやすい。カレーの味にはすごく自信があったので、認知してもらえさえすれば、少なくとも自分が食べていけるくらいの稼ぎは何とかなるだろう、という確信がありました。

「カレー&魯肉飯」は茨の道？

社長の次に、店をやめて独立することを伝えたのは、円相フードサービスの専務で、エリックサウスの総料理長を務める稲田俊輔さんでした。稲田さんは、エリックサウスの顔としてはもちろん、今ではユニークなレシピ本や料理エッセイ集を出されたりと、文筆家としても大活躍されています。

「独立します」という私の言葉に対して、稲田さんの第一声は「どんなメニューをやるの？」でした。立場上、社長は私の経営方針が気になり、稲田さんは「どんな料理を出す店にするのか」が気になる――円相フードサービスを代表する2人の、それぞれの気質がはっきりと出ているなあと、気にかけていただいたことの嬉しさとともに、面白さも感じたことをよく覚えています。

そして、恐るおそる「カレーと魯肉飯のあいがけのプレートを出したいと思っているんです」と言ったら、その瞬間、稲田さんは大笑いを始めて、もう5分くらいずっと爆笑しているのです。あははは、めっちゃウケる、と。そして、ひとしきり笑いまくった後に、真面目な声で「面白いけど、それはすごく茨の道だよ」とおっしゃいました。つまり、当たればインパクトがあるけれど、外したら相当キワモノ扱いされるよ、ということですね。急に現実を突きつけられたようでドキリとし、「確かにそうだな」と背筋が伸びる思いでした。

エリックサウスを卒業して、夢に向けて一歩踏み出すぞ、という考えが頭に芽生えたのは、入社6年目くらい、つまり、やめる1年程前からでした。その頃から、将来を見据えて、自分のお店の構想やメニューのアイデアなどをノートにメモする習慣が始まったのですが、今それを見返すと、かなり初期の時点で「魯肉飯とカレーのあいがけ」という発想が確認できます。つまり、実際に独立をする1年ほど前から温めていたことになります。

独立するにあたっては、やはり「どんなメニューを出すか」というコンセプトの部分が、もっとも重要になってくるだろうと考えていました。最初のうちは、エリックサウスと同じように、ミールスとビリヤニがカジュアルに食べられるお店をやろうかなという案もあったのですが、これはすぐに思い直しました。オリジナリティがなさすぎるし、そもそもの話「だったら、エリックサウスに食べに行けばいいじゃないか」という話にしかなりませんからね。絶対に、自分だけのオリジナルなメニューを作った方がいい。そうじゃないと、この厳しい飲食業界を生き残ることはできないでしょう。

そんな折に、大学時代にアルバイトをしていた髯鬚張魯肉飯の、大好きだった魯肉飯のイメージが急に降りてきました。あのお店が東京からなくなってしまったことで、長らく魯肉飯ロスになっていたことに気がついたのです。魯肉飯を食べたいと思っても、本格的な台湾ブーム到来以前の当時、都内で美味しいお店を見つけることは容易ではありませんでした。

そこで、はたと閃いたのです。だったら、自分で作ればいいのでは、と。鬍鬚張の味を思い出しながら、自分なりに〝あの味〟を復活させ、さらにカレーとあいがけにしたら最高では？　そしたら、自分みたいな魯肉飯もカレーも大好きな人に響くんじゃないだろうか、と。

自分的には、これはユニークではあるものの、そう突飛なアイデアだとは思えませんでした。そもそも、どちらもご飯との相性はバッチリですからね。魯肉飯とカレーが両方ご飯にかかっていたら、もう単純にお得だし、贅沢です。さらにカレーも、エリックサウスで叩き込まれた南インド料理の流れを汲む、スパイシーでヘルシーなものにすれば、まさに自分という人間の集大成的な一皿が出来上がるのではないか——そんな思いもありました。それに、今にして思えば、「肉料理＋カレー」という組み合わせは、私が学生時代に散々食べてきた松屋のカレギュウ的なスタイルでもあります。考えれば考えるほど、非常に自分らしい、必然的な組み合わせに思えてきました。こうして完成したのが、魯珈の看板メニューである「ろかプレート」です。

なお、読者の皆さまはすでにお気づきかもしれませんが、「魯珈」という店名は、まさにこの看板メニューのコンセプトに由来しています。「魯肉飯」の「魯」、そしてカレーの漢字表記である「咖喱」の「咖」と、それぞれから一文字ずつ取って組み合わせました——と言いたいところですが、この説明では不十分です。魯珈の2文字目は、正しくは「珈」と王偏だからです。なぜ口偏から王偏に変えたのかと言えば、自分の名前である「絵理」の「理」と合わせたかったのと、「カレーのキング（王）になる！」という想いがあったから。我ながら、厨二病を拗らせていましたね……。

また、「魯」は、日本における「食」のカリスマである北大路魯山人の「魯」でもある。魯山人といえば、日本食を芸術の域にまで高めたことでも有名です。これは、ぜひあやかりたいもの。ならば、せっかくですし、魯珈にも「和」のテイストを取り入れるべきなのでは、と考えました。奇しくも、前の店から残されていた内装がシックで、私の思い描く「和」のイメージにぴったりだったこともあり、これはそのまま流用することにしました。そして、その雰囲気に合わせるように、和テイストの食器と小物を揃えました。

特に食器は、看板商品たるカレーを魅せるために重要な存在です。大阪のスパイスカレーのように、複数のカレーとおかずを一皿に盛り付けたいというイメージもあったので、メインには大きめの和皿をチョイスしました。また、ドリンクを入れるコップも飲食だとガラス製が主流ですが、ここにもちょっとこだわって、お皿と合うようにあえて湯呑みにしました。こうして、看板メニューが店名を、店名が店を作っていったのでした。

キーワードは「DIY」。マニアがカレー屋になる時代

前章で、南インドカレーブームが、日本おける「カレーを混ぜる」というカルチャーの浸透を促した、というお話をしたのを覚えていますでしょうか。つまり、のちに大阪から狼煙の上がることになるスパイスカレーブームに繋がる流れがそこにあった、ということですね。そして、スパイスカレーの影響下にある魯珈も、やはり、こうした一連のムーブメントに連なる店の一つであると言えるでしょう。

ここで、私が独立を決意した２０１６年頃を振り返ると、スパイスカレー的なカレーは、まだ東京にはほとんどありませんでした。あっても、南インド料理のミールスのように、複数のカレーがそれぞれ独立する形で（容器によってはっきりと分けられて）ワンプレートに盛られているものが主流でした。つまり、一皿の上に、カレー数種とおかず数種が仕切りなく盛られるようなビジュアルを目にすることはありませんでした。記憶の限りでは、ドライカレーとシャバシャバなインド風カレーをあいがけにして出す、神田の「カレーノトリコ」さんくらいだったのではないでしょうか。

一方で、そうしたカレーが当時すでにメジャーになりつつあったのが関西圏、特に大阪でした。私が「ろかプレート」のように、異質な料理同士をワンプレートで出すアイデアを得たのも、食べ歩きで関西を積極的に回っていた時のことです。

例えば、大阪の「ボタニカレー」さんは、盛り付けに関して、もっとも影響を受けたスパイスカ

レー店の一つです。初めて訪れた際に、マットなキーマカレーからシャバシャバなスープ状のカレー、さらには大量の副菜を一皿に盛ってしまうやりたい放題感と、色味を計算し尽くした華やかなビジュアルに夢中になりました。これを東京でやったら絶対流行るぞ！　と思ったものです。ちなみに、先ほど触れた、魯珈で使っている大きな和皿は、同じく大阪の「Ghar（ガル）」さんの影響も大きいです。

あの頃、すごく不思議に思っていたのは、なぜスパイスカレーは大阪にばかり集中しているのか、ということです。現代の東京では、ほぼ食べられないものはないのではないか、というくらい、世界各国の多様な料理を食べることができます。いくら文化圏が違うとはいえ、同じ日本という国の中にあって、大阪では独創性の高いカレーを生み出すお店がたくさん生まれているのに、一方の東京ではそうしたムーブメントがまるで起こっていない。これはなぜなのだろう？　大いなる謎でした。でも、今からすると、もしかしたら、と思い当たる理由はあります。

当時の東京で、大阪のような、あえて言うなら「セオリーを無視して、固定概念を打ち壊す」ようなカレーが生まれなかった理由は、「カレーマニアがカレー屋を始める」という流れが、まだできていなかったからではないでしょうか。

私は、まさにカレーマニアがカレー屋になった典型です。趣味である食べ歩きの集大成を、魯珈というカレー屋をやることで、アウトプットするようになったケースですね。そして、今東京でスパイスカレー的なお店をやっている人は、私と同じような「カレーマニア出身者」が圧倒的に多い。

つまり、自分でお店をやるカレーマニアが増えてきたことで、東京でもスパイスカレーブームが起こっていったのではないか。

というのも、私がカレー屋で修行をしようとした時に、インド料理レストランの厨房はインド人シェフの聖域であって、「働きたい」と願う日本人にとっては狭き門でした（そして、例外的に行き当たったのが、エリックサウスの前身であるエリックカレーだった、という話はすでにしましたね）。つまり、かつては「カレー屋＝レストラン」のような、どちらかというと大きめな規模感で、働き方としては「店に雇われる」という形が一般的だったわけです。そんな東京のカレーシーンが、２０１０年代以降、どんどん「個人」にシフトしていく流れが生まれます。つまり、カレーマニアの方が、「カレー好きが高じて」脱サラし、店を始めるパターンがどんどん増えていったのです。この「カレー＝レストランのもの→個人でもできるもの」という流れの、比較的最初の方に〝たまたま〟いたのが私です。

これは東京での「私」目線の話であって、大阪で実際にどんなふうにシーンが形成されていったのかは、私よりもっと詳しい方がいらっしゃるので、ここでは触れません。ですが、まさにその識者の一人である、日本屈指のカレーマニア・松宏彰（カレー細胞）さんの著書『ニッポンカレーカルチャーガイド』では、スパイスカレーを「クラフトカレー」と呼称してはどうか、という提案がなされています。そして、大阪のスパイスカレームーブメントの最重要要素を「既成概念にとらわれず自由な発想で作るカレー」と定義しています。当時の大阪のスパイスカレー店の大半が「個人店」であった、ということに注目するなら、「セオリーを無視して、固定概念を打ち壊す」ような実験的なカレーは、個人ベースの店だからこそ挑戦できた、という指摘もあながち間違ってはいないのでは。言うなれば、2010年代後半以降に東京に生まれた「個人でもカレー屋はできる」というDIY精神を、一足先に身に付け、実践していたのが大阪のスパイスカレー店主たちだったのではないでしょうか。

ギリギリ過ぎた開店準備期間

さて、ここで再び、開業準備をしていた頃に話を戻します。

この話をすると、みなさんとても驚かれる（引かれる、とも言う）のですが、魯珈の開店準備期間は、わずか1ヶ月という短いものでした。エリックサウスをやめたのが2016年の10月29日、そして魯珈をオープンしたのが同年の12月1日のことです。

なぜそんなギリギリまでエリックサウスにいたのかと言えば、「独立します」と宣言した際、「物件が見つかったらやめますね」と伝えてあったのですが、これが宣言後、わずか2ヶ月足らずであっさりと見つかってしまったのです。不動産屋さんからも「すぐ入居できます」と言われてしまい、焦って急いだ結果、慌ただしく店をやめ、慌ただしく店を始めることに。借りてしまえば、当然家賃もかかってきます。私自身も「早く始めたい！」と前のめりな気持ちになっていたので、急ではありましたが、1ヶ月先のオープンを目指すことにしました。もう勢いですね。

そうと決まれば、と、急ぎ「開店までにやることリスト」を作成し、1ヶ月の間に、内装工事から物件の契約、保健所への申請……etc. 一つひとつ着実に潰していきました。ほぼ居抜きでいけたので、内装に凝ったことをする必要もなく、これも開店準備が早く済んだ大きな理由でしょう。ただ、前に店やられていた方が男性だったからか、キッチンの前面にあるカウンター（お客さまのテーブルになるカウンターではなく、その手前の、一時的にお皿を置いたりするスペースのこと）が私の身長には高すぎたので、カットして低く作り直すような、多少の工事は必要でした。

もっとも、ほぼゼロからの作業であることには変わりなく、やるべきことは尽きませんでした。当然のことながら、自分の店を出すのは初めての経験です。「こんなこともやらなければいけないのか！」というような盲点も無数に出てきます。時間はあっと言う間に過ぎていきました。そして、肝腎要のカレーの試作に着手することができたのは、オープンの3日前くらいになってからでした。いくらなんでもギリギリ過ぎでは……という読者の呆れた声が聞こえてくるようですが、私は何事も勢いで乗り切るタイプなので、「絶対いける」という謎の確信があったのですね。実際に、「魯珈チキンカレー」「ラムカレー（ビンダル風）」「クリーミィ野菜コルマカレー」というレギュラーメニューを一気に仕上げることに成功しました。

この3種のカレーは、ベースの部分ではエリックサウスからの流れを汲んだ南インド式です。最初に、油にホールスパイス（粉末にする前の、粒の状態のスパイス）の香りを移す「テンパリング」という作業を行い、それをベースにさまざまな具材を炒め、パウダースパイスを加えてごく軽く煮込む、というのが基本的な作り方です。従来の日本式のカレーは、煮込めば煮込むほどコクが出る、寝かせるとより美味しくなる、というセオリーにのっとって作りますが、南インドカレーではフレッシュ感を重視するので、それとは真逆の発想になります。つまり、スパイスの香りが飛ばないように、加熱時間は最低限にし、作ってからお客さまに提供するまでの時間も、できるだけ短くしたい。ゆえに、魯珈のカレーは、毎日早起きをして、朝仕込みが基本です。

なぜ南インドカレーをベースにするのかといえば、その理由は、エリックサウスでの7年間があり単純に作り慣れているから、ということとは別に、純粋に私にとってもっとも好きなカレーのテイストだからです。スパイスが主役であること。最低限の水分で肉と野菜の旨みを凝縮させていること。小麦粉・バター不使用なので、食べ心地が軽く、ヘルシーであること。実際、作る過程で毎日食べることになるので、自分が一番美味しく感じて、毎日食べたいカレーを作りたいという思いがありました。

そういった私の理想とするカレーの味は、開店以来一貫していますが、とはいえ、年を重ねるごとに、「魯珈ならでは」のオリジナリティはどんどん強まってきていると実感しています。人は経験を積むと成長するものですし、それは、カレーの味にも間違いなく影響を与えているはずです。

独立したばかりの頃は、それこそエリックサウスで作り慣れていた南インドカレーのニュアンスがより強めに出ていたと思います。しかし、店で毎日カレーを作り続ける中で、あるいは、食べ歩きで他店のカレーに刺激をもらい続ける中で、自分の中での「カレーの美味しさとは何か？」という定義も、日々変化し続けていることに気づいていきました。

そこには、ラーメンの影響も少なくありません。特に、Wスープ、トリプルスープと、旨みをどんどん足していくスープ作りに関しては、シンプルな味付けを基本とする南インドカレーの発想とは真逆のものであり、ゆえに刺激的なのです。もちろん、これもまた、カレーに「出汁」という概念を持ち込んだ大阪発のスパイスカレーとも通ずる発想でしょう。

そうした影響が如実に出ていると思うのが、「ろかプレート」とともに、開店以来魯珈を支える人気メニューとなっている週替わりの「限定カレー」です。ここでは、まさに自分のDIY精神を解き放つかのごとく、自由に、固定概念を打ち壊すカレー作りにチャレンジできています。

とはいえ、独立を決めて動き出したばかりの頃は、そうしたアイデアはまったくなく、普通にレギュラーメニューだけで勝負するつもりでいました。誕生のきっかけは、エリックサウス総料理長の稲田さんからの「絶対に限定メニューはやった方がいい」というアドバイスでした。通われる常連さんは、週替わりとかで違うカレーを食べられたら絶対喜ぶから、という理屈です。

これは想像でしかありませんが、本当は稲田さんも、エリックサウスでゴリゴリと日替わり・週替わりで次々に新しいカレーを出す、ということをしたかったのかもしれません。なにせ、アイデアの宝庫であり、行動力もすごい方なので。でも、その実現には現実的な問題があります。現在のエリックサウスのように複数店舗を展開していたり、スタッフがそれなりの数になってくると、現場の人間が誰でも作れるように、ある程度システマチックにしておく必要があります。しかし、頻繁に変わる限定メニューを出すには、その都度レシピやテクニックの共有が必要なわけで、それを大所帯の中で実現するのはなかなかに困難なことだと思います。季節限定くらいのものなら用意できても、日替わりや週替わりともなると、やはり容易ではない。つまり、限定メニューというアイデアは、「個人店ならでは」の売りを出すための、稲田さんからのプレゼントだったのだと思います。この話題に関しては、また後ほど、じっくりとお話ししたいと思います。

魯珈版「魯肉飯」誕生秘話

そんなわけで、店で出すカレーに関しては、エリックサウスでの7年間の経験おかげで、すんなり自分の思っていた通りの味を出すことができました。なので、「よし、余裕でオープンに間に合うぞ」と一安心したのですが、その直後、意外な盲点に苦しめられることになります。魯肉飯作りが難航してしまったのです。カレー屋を開くはずなのに、魯肉飯で苦しむことになるという、この不思議な状況はいったい……。

こうなってしまったのには理由があります。私がバイトをしていた鬍鬚張魯肉飯では、魯肉飯を味付けするためのタレが台湾から送られてきていて、しかも、実際に調理するのは店長や社員の人のみだったので、バイトだった私にはまったくレシピが分からなかったのです。ゆえに、記憶だけを頼りに、思い出の魯肉飯の味を再現しなければなりませんでした。頑張ったのですが、これが難しくて難しくて、何度やっても、ぜんぜん記憶通りの味になりません。魯肉飯とカレーの店、というコンセプトをすでに発表してしまっているのに、「魯肉飯ができませんでした」では許されません。でも、あと2日でオープンなんだけど……と、涙目になりながら厨房で試作を続けました。

行き詰まった私を救ってくれたのは、エリックサウスで一緒に働いてた元同僚による、ある一言でした。その人は、海外に行くのが大好きで、いろいろな国の料理を食べてきた経験から「なにか、その土地のものを使ってみたら？ そしたら、それらしい味になるかもよ？」とアドバイスしてくれたのです。なるほど、と思い、醤油やお酒といった調味料の一部を中国産のものに置き換えて作ってみたところ、急に味がバチっと決まり出したので驚きました。特に醤油の効果は非常に大きなものがあり、日本の醤油を使っていた時には出せなかった、「そうそう、この味！」という私の思い描く魯肉飯の美味しさの部分をグッと押し上げてくれました。アドバイスをくれた彼には、本当に感謝しています。

また、魯肉飯の味つけの肝は、スパイスにもあります。中国を代表する混合スパイスである五香粉、その中でも特に八角の甘い香りは欠かせません。また、五香粉にはクローブ、シナモンといった、カレーでもお馴染みのスパイスも使われています。こうした共通するスパイスの存在があるからこそ、カレーとあいがけにした時に馴染みがよく、「混ぜると美味しい」が生まれるのです。それに気づいたことで、より理想の形が見えてきました。翡翳張の「思い出の味」を再現しつつ、五香粉における「カレーと共通するスパイス」をさらにブーストすることで、カレーに負けない、しかしカレーと混ぜた時に単体時よりももっと美味しくなる、そんな魯肉飯を目指しました。加えて、もう一つ味の秘密を披露すると、一般的な魯肉飯にはない「炒め玉ねぎを入れる」という、カレー屋ならではの隠し味的要素もけっこう効いていると自負しています。

こうして、なんとかオープン前に、無事カレーと魯肉飯が完成しました。ギリギリもギリギリでしたが……。稲田さんもすごく心配してくれていたようで、オープン前日も様子を見にきてくれた上に、当日も密かに店の外からずっと見守ってくれていました。楽天家な私のあまりに綱渡りな様子が、さすがに心配になったのだと思います。

なお、完成した魯肉飯を稲田さんに試食してもらったところ、「カレーより美味しいね」「魯肉飯ばっかり売れるようになってもヘコまないでね」と言われてしまい、「ちょっと、ひどいこと言いますね！」と苦笑いしたのをよく覚えています。「カレーより美味しいって……」とちょっと複雑な気持ちでしたが、褒め言葉としてありがたく受け取ることにしました。うん、たぶん、褒めてくれていたはず。

あの時は本当に大変でしたが、基本的に自分はフィーリング重視の直感型で、追い込まれれば追い込まれるほど燃えるタチなのだなと、あらためて実感した次第です。追い込まれるほど、「もうたまらん！」状態になり、むしろ「やったる！」と火事場の馬鹿力を発揮するタイプなのですね。今から考えると、オープン日をエリックサウス退職から1ヶ月後に設定したのも、プレオープンをやらずに初日からいきなりグランドオープンしたのも、いずれの判断も（私の場合は）間違っていなかったと思っています。もしこれが、もっと普通に開店準備に数ヶ月〜半年とか掛けていたら、自分の性格上、むしろ緊張感のない開店になってしまった可能性が高いのではないでしょうか。もっとも、ハラハラさせられるまわりの人からすれば、たまったものではないのかもしれませんが……。

しかし、なにはともあれ、これで準備はすべて整いました。あとは、店を開けるのみです。魯珈に、私に、どんな未来が待ち受けているのか？　この時点では、まだ知る由もありませんでした。

第4章
人気店への道、あるいは行列との闘いの日々

予想外の客層

開店日へ向けての準備が着々と進むなか、私には、もう一つやっておかねばならないことがありました。「大久保という地で新たにカレー屋を始めます」という情報を周知させるための活動です。

しかしながら、当時はそうした宣伝に関する知識も皆無。実際に自分でやったことといえば、Facebook、instagram、Twitter（現・X）など、お店のSNSのアカウントを開設し、開店のお知らせをしたことくらいでしょうか。もともと私はSNSの類はあまり興味がなかったのですが、宣伝もさることながら、今後、週替わりの限定メニューを告知する必要も出てくるでしょう。ネット社会のこの時代において、SNSをやらないという選択肢はないのだろうな……と、当初はそこまで積極的に、という感じではありませんでした。でも、いざ始めてみたら、これが大変面白くなってしまい、店のものに加えて個人のアカウントも作るに至り、今では魯珈の情報を発信するのみならず、自身の食べ歩きの話を書いたり、食に関する情報交換などに役立てたりと、SNSライフを思いっきり楽しんでいます。

当時のSNS初心者であった私の宣伝力は、当然無きに等しいものでしたが、ありがたいことに、見かねたまわりの人たちが手を差し伸べてくださったことで、大いに助けられました。例えば、エリックサウスの稲田俊輔さんや、お店の器を仕入れさせてもらったインド食器を扱う「アジアハンター」さんなど、カレー界隈の方たちが個人的に宣伝してくださったり。また、当時はまだ独立系のカレー屋が今より少なかったことに加え、「エリックサウス出身の女性が独立して店をやるらしい」というところに多少話題性があったようで、一部で注目していただいたというのも大きかったと思います。さらに、もう一つラッキーだったのは、広告業界で働いている高校からのお友だちが「開店記念にプレスリリースを打つよ、プレゼントで」と申し出てくれたことです。小さな個人店に関するニュースにも関わらず、これがいきなりLINE Newsに載ってしまったのも、なかなかのインパクトでした。

開店の前日には、かつての職場仲間を含む友人知人数人が、店に激励に来てくれました。示し合わせたわけではなく、みんなそれぞれ、初めて店を出す私のことが心

開店当日。武藤社長、稲田専務からもお花が届きました

配でなんとなく集まってきた、という感じでした。お互いに初対面同士だった人もいたはずです。その中には、私に先駆けて独立していたエリックサウス時代の同期もいました。「最初の1ヶ月は本当に重要だから、そこは死ぬ気でやった方がいい」といった先輩としてのアドバイスや、店をやる上での心構えなどをありがたく聞いていると、そのうちに、せっかくだしここにいるみんながお客さん役をやるから、絵理は接客のシミュレーションをしてみたら、という話になりました。

いわゆる、接客の練習ですね。正直、知っている人相手にかしこまって「いらっしゃいませ」「こちらでよろしいでしょうか」などと言うのは気恥ずかしかったのですが、そんなことを言っていては、本番は乗り越えられません。なので、頑張ってやりました。でも、その甲斐あって、お客さまをご案内する際の動線を再確認できて、「あ、ここはスムーズじゃないな」「この席へアプローチするには、こちらから回り込んだ方がいいな」など、実際に動いてみないと見えてこなかった問題点が可視化されたり、非常に有意義な時間となりました。そして、「ああ、ついに、明日なんだなあ」と、あらためて、「自分の店を持つ」という現実を噛み締めたのでした。

開店祝いに漫画家の母が描いてくれたポスター（作：忠津陽子）

こうして、2016年12月1日、魯珈は開店しました。

皆さんの愛とご協力のおかげで、初日からお客さんがたくさん来てくださり、いきなりてんやわんやの大忙し。大久保のこんな路地裏の小さな店のオープンを知ってくれているという、お客さま方のその情報力に感嘆してしまいました。そして、記念すべき日ではありましたが、忙しすぎて正直、この日の記憶はけっこう曖昧です。

そんな中で印象的だったのは、客層の異様なまでの〝濃さ〟です。私としては、近隣にお勤めの方や、学生さんがメインの店というイメージでいたのですが、蓋を開けてみれば、初日に来てくださったお客さまの多くがカレーマニアや、カレー業界で活躍されている方たちで、「近くを通りかかって、ふらっと」みたいな人はあまりいなかったように思います。食べログのレビューなどでよくお名前を拝見していた著名なマニアの方に「開店おめでとうございます」とご挨拶いただいたりして、「本物が初日に来てくれた！」と驚くとともに、カレーというジャンルにおける、食べ手の探求心と熱量の高さを身をもって実感したのでした。そして、こうした「熱心なカレーフリークが集まる」という傾向は、その後もずっと続いていくことになります。

気合が入りすぎて合羽橋でコックコートを購入。動きづらいので途中から今の黒ポロスタイルに

現在の魯珈に対して、「行列のできる店」「記帳しないと入れない難易度の高い店」といったイメージをお持ちの方も少なくないと思います。確かに、そういう面があるのも間違いないのですが、開店当初は、お店を開けてもお客さんが1人だけ、なんて時間帯も普通にありました。特に最初の1ヶ月くらいの間は、「暇だから翌日の仕込みをしちゃおうかな……あ、と思ったらお客さんだ、いらっしゃいませー」みたいな、ゆったりとしたペースで仕事をしていたものです。その後、次第に行列が長くなっていき、ついには限界を越え、最終的に記帳制を導入せざるを得なくなるのですが……。

ここで、お客さまがたくさん来てくれることによる嬉しい悲鳴が、徐々にキャパシティオーバーゆえの悲鳴へと変わっていった日々を振り返ってみたいと思います。

魯珈に長い行列ができるようになったきっかけは、節目節目でいくつかありますが、一番最初のポイントは、縁あって「ワールドビジネスサテライト」(テレビ東京)というニュース番組内で紹介されたことでした。店を開けてちょうど1ヶ月後の出来後です。

魯珈はもともと狭い店なので、お客さまが集中すると物理的に収まらず、店の外に並んでいただかざるを得ないのは開店当初からのことでした。そんな〝たまたま〟できていた行列を、ご近所に住んでいらっしゃった当番組のディレクターさんが〝たまたま〟目撃し、こんな路地裏に人気の新店があるのかと、取材を申し込んでくださったのです。ワンオペの狭い店だし、行列にはなっていても別に人気店とかじゃないんだけど……とは思いつつも、よい宣伝になるだろうと、ありがたくお引き受けすることにしました。

取材はそつなく終わり、すぐに放送日がやってきました。そして、テレビを点けて、びっくりしました。というのは、その放送日が偶然にもドナルド・トランプ第45代アメリカ大統領の就任の日で、しかも、ワールドビジネスサテライトが独占でその式典を生中継していたのです。これがどういうことを意味するかといえば、とんでもない視聴率だった、ということです。しかし、（当たり前ですが）延々とトランプ大統領の話が流れるので、「本当に魯珈が紹介されたりするのかな？」と思っていると、いつしか番組ももう終わりの時間に差し掛かっていました。すると、最後の5分というところで、いきなり魯珈の紹介がスタート。アメリカ大統領の就任式から、新規オープンしたカレー屋の話へという、脈絡のない、そしてギャップあり過ぎな謎な編集に私は唖然としてしまいました。当人がそう思っていたので、番組を見ていた視聴者の方たちは、もっと「？」が頭を駆け巡っていたのではないでしょうか。「なんなんだ、このカレー屋は⁇」と。

そして、放送日の次の日、出勤した私を待っていたのは、信じられないほどの長さの行列でした。大通りから1本入った、狭い路地にある小さな店にとっては、異常と言えるレベルの長さです。もちろん、こんなにも長い行列ができたことは開店以来ありません。営業が始まる頃には、行列はさらに長くなり、ついには店の前の路地を抜けて、小滝橋通りの方にまで伸びていってしまいました。

さすがに「これはヤバイのでは」と焦りました。そして、予感は的中。苦情が何件もくるわ、行列を捌かなければならないわ、カレーをお客さんに出さなければならないわ……もちろんワンオペです。「どうしよう！　どうしよう……」と涙目になりながら営業を続けました。

お客さんがたくさん来てくれるのは、もちろん嬉しいことです。でも、不意に宝くじで1億円が当たってしまった人のごとく、心の準備なしでいきなり完全キャパシティオーバー状態です。茫然自失。もう、どうしていいのか、まるで分からなくなってしまったのでした。

この日から、魯珈は名実ともに「行列のできる店」となりました。そして、行列は行列を呼ぶものです。行列を見た人が、「なんの店だろう？」と気になって並ぶ。それを見た人がまた並び……と行列は際限なく長くなっていきました。

とはいえ、放送日から少し時間が経てばさすがにちょっと落ち着くだろうと思っていたら、次はグルメ系芸人さんの番組で紹介され、またドカン。メディアへの露出がある度に、列は伸び続けていったのでした。

そうした状況の副産物として、食のレビューサイト「食べログ」での順位がすごい勢いで上がっていき、カレーで検索すると常に2、3位をマークするようになりました（不動の1位は、荻窪の「トマト」さん）。これも行列に拍車をかけました。そして最後に極めつけ、密着ドキュメンタリー番組「情熱大陸」（ＴＢＳ）への出演があり、ついにトドメが刺さった、という感じでした。２０１９年1月、魯珈をオープンして3年目に入ってすぐ、というタイミングでのことでした。

行列との闘いの日々、そして記帳制へ

人気のラーメン屋さんが行列問題で閉店した、なんてニュースを時々耳にすることがあります。でも、まさか自分がそんな状況に置かれるだなんて夢にも思っていませんでした。実際、ワールドビジネスサテライトの放送以降、魯珈の営業は、行列との闘いでもあった、と言っても過言ではありません。

お客さまに並んでいただく敷地内のスペースも狭ければ、店の前の路地も狭いのです。ゆえに、苦情が出たからそこを避けて並んでもらっても、今度は避けた先の方で苦情が発生し、さらにそこを避けてもまた……という八方塞がり状態に。

一応、ワンオペでもなんとかなるといえば、なります。普通に店を回すことはできる。でも、行列によって、そこに複数のトラブルが重なってきてしまうと、まあ大変です。例えば、もっともめちゃめちゃだった時期には、こんなことがありました。

店をオープンして調理をしていると、近隣のお店から行列への苦情が来て、それに対応していると、今度は外で並んでいるお客さまと近所の方との喧嘩が勃発。そのままにしてはおけないので、「皆さん、すみません。ちょっと私、外に行って問題を解決して参りますので、申し訳ないのですが、5分ばかりお店を空けますね」とお料理を待たれているお客さまたちを店に残して、外へ。なんとか喧嘩を仲裁し、「お待たせしました!」と急ぎ戻って、またカレー作りを再開したのでした。

喧嘩こそ毎日起こるわけではありませんでしたが、類似のトラブルは後を絶たず。お客さまがたくさん来てくださるのは嬉しいけれど、伸び続ける行列はまったく収集がつく見込みもなく、しかもそれが連日のこととなると、さすがに「もうダメかも……」という気持ちにもなってきます。当時を振り返ると、精神的にかなり追い詰められていて、ちょっとしたノイローゼ状態になっていたように思います。

どうにもならなくなり、ことの次第を大家さんに相談したら、魯珈の入っているビルの地下に降りる階段を使ってもいいよ、と助け舟を出してくれました。階段の下は、ダンスの練習などに貸し出されているレンタルスタジオでした。そこも大家さんの持ち物だったこともあり、多少塞いでしまってもそれほど問題ないだろう、という判断からでした。このご厚意で、だいぶ助けられたのですが、とはいえ、それとてやはり焼石に水。根本的な解決にはなりませんでした。今度は、地下側の行列が長くなり過ぎてしまい、折り返して上に戻ってくる形になり、スタジオを使う人が下に降りられなくなってしまったのです。そして、再び苦情です……。行列問題に対する試行錯誤がすべて失敗に終わった結果、現在の記帳性というシステムに移行することになったのでした。

魯珈の記帳制は、次のようなシステムです。

まず、記帳開始の時間は、昼の部は9時30分、夜の部は火・木曜日のみで16時からです。記帳を希望するお客さまには、店の前から順番にお並びいただきます。記帳開始時間の前に、すでに定員に近い人数が並んでいる場合など、状況に応じて、予定よりも少し早めに記帳を開始することもあります。

ご入店いただく時間は、昼の部は10時50分〜、11時30分〜、12時10分〜、13時〜、13時40分〜、14時20分〜と、6枠あります。夜の部は、16時50分〜、17時30分〜、18時10分〜、19時〜の4枠です。

魯珈は現在カウンターのみの全6席なので、各時間帯で入店いただけるのはマックス6名さままでです。お並びいただいたお客さまからは、それぞれご希望の時間帯をうかがい、6名となった時点でその枠は締切となります。全枠が埋まった時点で、記帳は終了となります。なお、各回40分or50分の、完全入れ替え制です。

記帳制を始めたのは、「情熱大陸」の放映の1週間ほど前からでした。というのも、やはり人気番組ですし、その影響はかなりのものになるだろうと予想されたからです。つまり、放送後にさらに行列が長くなることは必至と考え、ここで記帳制にしないと完全に詰む、と判断したのです。あの、ワールドビジネスサテライト放送直後の混乱を極めた嬉しい悪夢の日々が脳裏に甦ってきて、このまま何もせずにその日を迎えたら大変なことになるぞと、頭の中で警告音が鳴り響いていました。

過敏なまでの警戒モードになっていたのは、「情熱大陸」の放映前の時点で、すでに3時間待ちが普通になっていたからです。放送後も以前と同じやり方をしていたら、確実に対応できなくなっていたでしょう。結果的に、記帳制にしたことによって、お客さまも並ぶ時間が以前よりはだいぶ短縮されたので、楽になったと思います。また、記帳された後に自由に行動できるようなったことも、皆さんに喜んでいただけたようです。実際に、ご常連さんたちからも「こっちの方がはるかに楽だよ」というお声を頂戴しました。この記帳で勝ち取られた時間をたっぷり使って、存分にカレーを味わっていただけているというのが、お客さまたちの笑顔からも伝わってきます。

もう一つ、このシステムのメリットは、記帳のための行列はできますが、1日に入れる人数の上限が決まっているため、「これ以上並んでも入れない」というのが、お客さまからも分かることです。それによって、「こんなに並んだのに入れないのか」という苦情がなくなったのも、本当に良かったです。お客さまの負担も減り、顧客満足度も上がり、なおかつ店主である私の心にも平穏が訪れた――記帳制の導入は、魯珈という店にとって、それ以前と以後とを大きく分ける大転換だったと思います。

もちろん、デメリットもないわけではありません。記帳制にしたことによって、ご来店いただけるお客さまの数は、それ以前と比べると、どうしても少なくなります。以前なら、カレーとライスが許す限り、ギリギリまで入っていただけたところを、はっきり人数で切ることになるわけですから。ですので、正直なところ、売り上げは減りました。でも、それでいいと思ったのです。行列と苦情への配慮で精神を削られるような状態で働くくらいなら、規模を縮小して、カレー作りと接客を楽しみながら、笑顔で働ける方がどんなにいいか！　どれだけたくさんのお客さまに来ていただいたとしても、店を続けていけなくなってしまったら元も子もありません。実際、あそこで記帳制にシフトしていなかったら、行列によって、店も私も潰れてしまっていたでしょう。

ワンオペにこだわる理由

行列を捌きながらカレーを提供するのが大変だった、という話をすると、おそらく多くの方が「だったら人を雇えばいいのではないか」「店の規模を大きくして、もっとたくさんの人が来られるようにすればいいのでは？」と思われることでしょう。ごもっともなご意見だと思います。実際、ピーク時には、常連のお客さまに「絵理さん、せめてお皿洗いの方だけでも雇ったら？」と言われたこともあります。でも、その助言を聞き入れることはついにありませんでした。

やっぱり私は、どこまでも「1人」にこだわりたい。店のことは全部自分が責任を持ってまっとうする——それが、私の使命だと考えているのでした。

前章の開店準備の話の中で、私は「追い込まれれば追い込まれるほど燃えるタチ」であることを告白しました。「1人にこだわる」というのも、究極的には同じような心の有り様に端を発しているのかもしれません。「自分を追い込みたい」精神が過剰過ぎて、どんな過酷な環境でも全部自分1人で受け止める、という無茶を、ついやりたくなってしまうのです。気が狂ってるのかも知れませんし、少々——いや、かなり社会の常識からはズレてしまっているかもしれませんが、こればかりはどうしても曲げられない信念としてあるのです。

そしてここには、私の性格が極端な形で表れているのと同時に、いくつか実際的な理由も見え隠れしているように思うのです。ある種のメリット、と言い換えてもいいかもしれません。

以前、東京商工リサーチの調査で、2023年1～8月におけるラーメン屋さんの負債1000万円以上の倒産が、前年同期の3・5倍に上ることが明らかになったというニュースを見て、いろいろと考えさせられるところがありました。倒産の理由には、コロナ禍の影響や物価高に加えて、人件費の上昇も大きく影響しているといいます。個人的に、特に最後の「人件費の上昇」に注目しています。というのは、私の「1人にこだわる」理由は、まさにその問題に直結しているからです。

近年、ラーメン屋さんに限らず、居酒屋やその他飲食店全般において、「働いてくれる人が集まらない」という問題が広く共有されています。従業員募集の貼り紙が一向に剥がされる気配のないお店を、どれだけたくさん見てきたことか。もちろん、賃金をたくさん払えるなら問題はないかもしれません。でも、この物価高の中で、提供する料理の質を落とさず、しかし極端に値上げするのもお客さまの負担になるからなるべく据え置きで……と頑張らなければならない状況にあって、それは容易なことではありません。つまり、お客さまは来てくれるけれど、働く人が集まらないから店を回すことができず、結果的に店を畳まざるを得ない、というパターンが、現在の日本の飲食店が常に突きつけられている「可能性」なのです。

このラーメン屋のニュースを知った時に、私は、自分を追い込んで「1人」を貫いて店を続けてきたことに対して、「これで良かったんだ」と思ったのでした。「正しかった」ではなく、あくまで「自分としての最適解」を選んでいたのだな、と納得したのです。

少なくとも魯珈に関しては、スタッフが来ないから今日は店を開けられない、みたいなことはありません。自分さえいれば、店は毎日時間通りに開けられます。でも、一緒に働く人がいる前提でやっていたら、私は、その〝誰か〟を頼ってしまうことになる。それは、その〝誰か〟の存在如何で、店の命運が左右されてしまうことを意味します。自分の手の及ばないところで、店が存続できたり、存続できなかったりといったことが決まってしまうのは、やはり不安ですし、納得できません。

また、魯珈を「自分だけの店」にしておけば、私がもし体調不良や怪我で店を閉じなければならないことになったとしても、他の誰にも迷惑はかかりません。一度、従業員として、その〝誰か〟の生活を請け負ってしまったら、自分にもしものことがあった時というのを常に考えなければならなくなる。店の仲間に迷惑がかかるのは、自分の望むことではありません。それなら、あらゆる悪い可能性も込みで、全部自分で引き受けて、自分だけの責任としておきたい。仮に私が怪我をして店に立てなくなったとしても、それによって文無しになるのは私だけですから、それなら「仕方ない」と納得もできます。

そんなことを言うと、ものすごい個人主義者、ワンマン経営者のように思われるかもしれませんが、面白いことに、一方で、私はチームプレイ自体は嫌いではないし、むしろ好きな方なのです。

カレーの道に入る前にやっていたダンスも、チームで活動していましたし、エリックサウス時代の、ハンパなく忙しい店を少数精鋭で回していく上での連携プレーも大好きでした。なんなら、私はチームの輪を作るのがけっこう得意だという自負すらあったりします。でも、実際にこうやって独立して店を開けてみると、私は、やはり究極的には1人の方が向いていたんだな、とも思うのです。今のやり方をしている限り、嫌でも責任感は強くなるし、甘えもなくなっていくはず。それが、自分的には、商売をやるにあたっての「健全な姿」だという確固たる思いがあります。

魯珈＝齋藤絵理

なんだか、ものすごく格好いい、芯の強い人間のようなことを言っていますが、行列を捌き切れずに右往左往していた頃は、もうボロボロで、連日の苦情の嵐に「また怒られてしまうんじゃないか」と日々ビクビクしていたのですけれども……。そこでもし、誰かが隣に居てくれていたら、それだけでどんなに救われていたかわかりません。でも、私はそれでも人を雇うという選択をせず、ワンオペを貫き、現在に至ります。ある意味、あの時代を乗り越えてきたからこそ、メンタルが相当に強化され、「怖いものなどない！」「なんでも来い！」という境地に辿り着けた、とも言えます。魯珈を始めてから、自分は本当にたくましくなりました。そして、今から考えると、エリックサウス時代も忙しくて大変でしたが、あの頃は会社に守られていたんだなと強く感じます。ある意味、魯珈を開店してからが本当の修行時代の始まりだったのかも、そんなふうにすら思う昨今です。

また、「1人にこだわる」ということに加え、もう一つ、自分の中ではっきりと決めていることがあります。それは、「店を大きくしない」ということです。

それなりに店に集客があり、メディアに露出していると、「2号店を作りませんか」「新しくできる商業施設に出店しませんか」といったお誘いをいただくことがあります。お声掛けいただけるのは、魯珈を認めてくださっていて、その未来に可能性を見てくれていることの証なので、お気持ちは本当に嬉しいです。実際、2023年に店を移転（2つ隣の建物ですが）した際にも、そうした打診がありましたが、やはりお断りせざるを得ませんでした。

2号店も、商業施設への出店もお断りしているのは、つまるところ、自分のコントロールの及ばないことが出てきてしまうからです。後者は特に分かりやすいですが、商業施設に入ってしまうと、まず営業時間や定休日が施設に準ずる形になります。そのことを含め、あらゆる面で他者の事情を汲んだ上で営業する必要が出てきます。そうした「他者に委ねる」ことの積み重ねが、結果として、魯珈という店のカラーを消してしまうのではないか、そんな懸念があるのです。それが、すべてのお誘いをお断りしている大きな理由です。

また、「私」という人間が1人しかいない以上、この大久保の店をやりながら、別の店に立つことは不可能です。つまり、自分以外の誰かを、店長として、スタッフとして別途店に立てることが前提になります。これは、「私」が店頭に立たない店を「魯珈」として営業しなければならなくなる、ということです。その「私」不在の店は、果たして「魯珈」と言えるのか？　そう考えると、やはりスケールすることには躊躇ってしまうのです。

私は、魯珈という店を常に客観的に見るようにしています。それすなわち、どうすれば繁盛させることができるのか、という視点を持つことと同義です。その目で魯珈という店を見た時に感じるのは、私「齋藤絵理」という人間も、店のカラーを大きく左右するキャラクターであり、それ抜きにこの店は成立しないだろう、ということです。そのカラーや固有性には、もちろん大久保という地に根差しているということも含まれます。その魯珈を魯珈たらしめている要素を見失わないことこそが、「愛される店」であり続けるためには不可欠なのだと考えます。これは、実際に毎日店に立って、お客さまたちの顔を見ながらカレーを作り続ける中で実感し、確信を持つに至った私なりの「真理」です。実際、こうした私の考えにシンパシーを抱いた方たちがご常連さんとして足繁く通ってくださっているという側面が、確実にある。もし、それを裏切って、違う誰かを店頭に立てたり、店をどんどんスケール化していったとしたら、これまで魯珈を愛してくださっていた方たちの心は離れていってしまうでしょう。

もちろん、この考え方は「絶対」でもなければ、誰にとっても「正しい」という類のものではありません。あくまで、「私の考える正解」というだけの話です。それに、自分の性格を考えると、やはり私はこのスタイルでしか働けなかったと思いますし、少なくとも今の時点では、これからもこのやり方を貫き通していく自分しかイメージできない、というのが正直な気持ちです。

COLUMN 1

コラム1
齋藤絵理の日常

私の毎日の生活は、魯珈を中心とした、とてもシンプルなものです。

魯珈の営業は、月〜金曜日まで。土・日曜日および祝日は定休です。月〜金曜日は毎朝目覚まし時計を5時半にセットします。のんべえには、なかなかキツイ時間です。起床後、7時頃までに店に出勤しカレーを仕込み始めます。魯珈のカレーはスパイスのフレッシュな香りを最大級に重視しているので、レギュラーメニューも限定カレーも、基本的に毎日朝仕込みです。ただし、例外もあります。例えば、豚骨ベースのカレーを限定でお出しする時は、スープを炊く時間が長くかかるので、自ずと仕込みを前倒しして、前日から始めることになります。また、魯肉飯も出来立てはちょっと味が浅くて、肉が煮汁から少し浮いているように感じられるので、寝かせる時間を取るために、これまた前日仕込みにしています。

カレーを作りつつ開店準備をしていると、9時30分になります。ここからお客さまの記帳がスタートします。まずは、みなさんにご挨拶を済ませ、ボードにお名前を記入していきます。全枠が埋まったら、SNS（X）にその旨を報告します。もし、まだお席に余裕があれば、空いている時間帯をポストします。再び準備に戻り、開店時間の11時になったら、外でお待ちの（最初の回の）お客さまに店内に入っていただき、カレーの提供を始めます。約40分の完全入替制なので、その回のお客さまが全員お帰りになったら、片付けをして、次の回のスタートを待ちます。これを6セット繰り返し、15時にお昼の部は終了。月・水・金曜日は、昼営業のみなので、これでお店は終了となります。

火・木曜日は夜の営業があるので、昼営業の終了後、一息つく間もなく、その準備に入ります。夜の部は、16時に記帳開始、17時から営業となるので、わりとぶっ通して働く感じです。店を開けたら、そのまま昼の部と同じように完全入替制で回していき、最終の回が19時で、19時30分閉店となります。

昼営業のみでも、夜営業があっても、閉店後は3時間ほどかけて店の片付けと、翌日の仕込みをします。あるいは、昼営業のみの日は、片付けが終わった夕方頃から、取材、商談、コラボ関係の打合せ、それに伴う試食会などを入れることもあります。そういう日は、朝の7時〜23時近くまでぶっ通しで働くことになるので、さすがにヘトヘトで、もうただ帰って寝る、ということになります。

昼のみの日は、他に仕事がなく、さらに余力があれば、仕事帰りにカレーやラーメンを食べに行くこともありますが、かなり稀です。基本的に、平日は体力温存のためになるべく家に直帰するようにしています。昔は仕事帰りに飲みに行くことも多かったですが、魯珈を始めてからは、朝が早いこともあり、自制するようにしています。これもカレーのため、致し方ありません。

帰宅後は、お酒を飲みながら布団に入って趣味のアニメを見るのがもっぱらの楽しみです。アニメは1本30分弱なので、見つつ寝落ちする感じが、私のライフスタイル的にちょうどいいのです。仕事は体力系、趣味はインドア系、自然とこんなバランスに落ち着いてきました。

第5章
限定カレーという戦略

魯珈の「もう一つの顔」

魯珈のグランドメニューには、魯珈チキンカレー、ラムカレー（ビンダルー風）、クリーミィ野菜コルマカレーという単品カレー3種に加え、魯肉飯がラインナップされています。カレーと魯肉飯は、それぞれ単品で食べても構いませんし、「ろかプレート」というカレー1種＋魯肉飯から成るあいがけワンプレートや、あるいはお好きなカレーの2種盛りも。2種盛りじゃ足りない！　という方には、「ぷちカレー」というミニサイズのカレー（ルーのみ）を、さらに追加注文することも可能です。そして、そうした基本メニューとともに根強い人気を誇っているのが、週ごとに変わる「限定カレー」です。

限定カレーは、基本的に毎週水曜日に更新します。オープン以来、欠かさず続けているので、お客さまにも認知され、すっかり定着した感があります。例外的に2週連続で同じカレーを提供したり、あるいは過去に作った限定を復刻したりしたこともありましたが、原則は完全新作。つまり、毎週新しいカレーを作り続けて、早7年が経過したことになります。この本を出すにあたり、あらためてこれまでに作った限定の数を数えてみたところ、実に350種ものカレーを作っていたことが判明しました（2024年1月現在）。我ながら、よくこれだけの数を作ったものだなあと、ちょっと感動してしまいました。

すでにお話ししたように、限定カレーは、私が修行したエリックサウスの総料理長、稲田俊輔さんのアドバイスから生まれました。常に新作のカレーがあることで、お客さまも飽きることなく、魯珈のカレーを食べ続けてくださっている、そんな手応えを感じています。実際、この限定を目指して、毎週毎週ずっと通ってくださっているご常連さんも多々。彼ら・彼女らのご注文は、ほぼ限定一択です。まるで「好き」の対象を熱心に集めるコレクターのように、魯珈の新作カレーをまた一つ、また一つと制覇されている――そんな雰囲気すら漂ってきます。

この現象には、もしかするとSNSの後押しもあるのかもしれません。限定カレーは一期一会であるため、そのレア感がコレクター精神をくすぐり、投稿する上で魅力的なトピックたり得るのでは。また、毎週限定について投稿し続けることで、自分だけのカレー日記が作れる、みたいな側面もあるのかもしれません。限定マニアともいうべき彼ら・彼女らのコンプリートを目指す並々ならぬ熱意に、作り手である私は感動し、刺激を受け、「よっしゃ、今週も美味しいカレーを作らなきゃ！」と気合を入れるのでした。

魯珈といえば「カレーと魯肉飯」というイメージが強いかもしれませんが、それと同じくらい、限定カレーはこの店の「顔」と言っていい存在になっています。看板メニューこそ前者かもしれませんが、実際に評価をいただいているのは限定の方なのでは、という実感すらあります。店の人気を維持するためにも、本当に続けてきて良かったなと思います。

そして、これは支店がたくさんあって、スタッフに任さなければ回していけないような規模のお店では、続けてこられなかった試みだと思います。季節ごとの新作くらいならどうにかなるにしても、これが週替わりとなると、そのレシピや作り方の共有も困難になってきます。稲田さんからの「限定を作ってみては」というご提案には、個人店の特性を最大限活用するべし、という裏メッセージが込められていたのかもしれないなと、後になって気がつきました。

作り続けて7年ともなると、過去のラインナップを見直した時に、やはりその時々の店の状況や、自分の心のあり様が思い出されてきます。そういう意味では、限定は、私の成長の記録であり、魯珈のこれまでの歴史そのものであるようにも感じています。本章では、2016年の開店以来作ってきた数々の限定について、当時の思い出も交えながら振り返ってみたいと思います。

南インド系から、〝非〟南インド系へ

開店当初を振り返ると、カレーと魯肉飯が一緒に食べられる「ろかプレート」の注文が圧倒的に多かったように思います。やはり看板メニューですし、「魯珈ならでは」という特色が色濃く表れていることもあり、メディアで紹介されることが多かったのも影響していたでしょう。でも、比較

的早い段階で、特に繰り返しご来店くださるご常連さんたちの間で、「毎週通って限定カレーをコンプリートする」というスタイルが定番化していきます。

初めて（つまり、開店した週に）お出しした限定カレーは、「サンバル」（２０１６年12月）でした。

サンバルは、南インド料理ではお馴染みの、煮崩した豆をベースにした野菜カレーです。タマリンドの酸味と香ばしいスパイスの風味が特徴で、ラッサムと並んで、南インド料理における味噌汁的な存在です。一般的な意味でのカレーのイメージからはだいぶかけ離れた味わいで、本来はミールスのような複数のカレーが盛られたプレートの中の一つとして食べられることが多い。よって、あまり単体でそれのみを食べるイメージはないかもしれません。でも私は、ミールスから取り出して〝それだけ〟で食べても美味しく、かつ食べ応えのあるサンバルを作る自信がありました。それに、普段は多数のカレーの中の一つとして存在するサンバルやラッサムを、無性に「ばっかり食べ」したくなることが、私には時々あります。ネパールカレーでお馴染みのダル（挽割り豆のスープ）を、もうご飯もナシで延々飲みたい――みたいな感覚というか……。カレー好きの皆さんには理解してもらえる（？）のではないでしょうか。

魯珈版サンバルは、もちろん南インドカレー「そのまんま」ではなく、私独自のアレンジを加えています。具材に素揚げの茄子等を加えてボリュームを出したり、煮豆の粘度を高めることで、ミールス内で他のカレーと混ぜ合わせる前提のシャバシャバめ仕様ではなく、単体で食べ応えのある形を目指しました。

こうしたアレンジを施すのは、他の南インド系のカレーを作る時も同様です。例えば、同じく、あまり単体で食べられることのないラッサム。ライスをもりもり食べられるように、あの強い酸味はそのままに、普通は入ることのない手羽先など肉系の具材を足して、旨みと食べ応えをぐっとブーストしたり（「忘年会シーズン対策！トマトたっぷり手羽元のペッパースープカレー」２０１７年12月）。

振り返ると、オープン当初の限定は特に、エリックサウス時代にたくさん作ってきた南インド寄りのカレーを出すことが多かったように思います。あるいはキーマカレーのような、絶対に外すことのないであろう、誰もが大好きな定番を出すことが多かった。きっと、まだ手探り状態だったこともあり、試し運転的な気持ちがあったのだと思います。最初だし、まずは安牌なもので様子を見てみよう、みたいな。とはいえ、そんなふうに石橋を叩いて渡っていたのはごく初期のみの話です。比較的すぐに、慣れ親しんだ南インド系以外の、自分の趣味を全面に出したオリジナルなカレーをバンバン作るようになっていきました。

例えば、もともと作るのが得意だったタイカレーは、かなり初期の時点からお出ししている〝非〟南インド系の限定です。具材や味付けを変えながら、現在に至るまでさまざまなタイカレーを作ってきました。ちなみに、初登場は「フレッシュハーブのタイカレー」（２０１６年12月）です。

タイカレーは、普通のカレーを作るよりも難易度が高いと感じている方が多いようです。だから か、市販のペーストを使って作るのが一般的です。私も、かつてはそうでした。ですが、自分の店で出すのなら、やはりちゃんと一から全部手作りしたいと思い、まずはネット上に転がっているレシピを参考に試作してみたところ、これがとても美味しかったのです。これはむしろ自作した方がいいんじゃないか、と気づき、それ以来ペーストは使わなくなりました。

一度全部自分で作ってみて気づいたのは、タイカレーはスパイスカレーよりも簡単だということです。分量をきちんと計って作りさえすれば、多くの人が思い描く「タイカレーのあの味」を司る、お馴染みのペーストが出来上がります。もちろん、そこから「より美味しい」を目指すには、具材や出汁をどうするかといった料理人のセンスが問われるわけですが、少なくとも基本の部分に関しては、そこまで難易度は高くない、という印象です。ただ、ペーストの材料に関しては、専門のアジア食材店に行かないと買えないようなものも多いので、その点ではちょっとハードルの高さを感じる向きもあるかもしれません。レモングラスなどは、品揃え豊富なスーパーでならギリギリ買えそうですが、生姜は日本のものではなく、タイの「カー」という種類を、玉ねぎも「エシャ」という、同じくタイ産の小さくて赤いものを使います。そして、こうした食材も難なく揃えられるのも、魯珈のある大久保という街の良いところです。

フレッシュハーブのタイカレー

タイ料理といえば、カレーだけでなく、ガパオも限定でお出ししたことがありました（「ROKA風ガパオ」2021年11月）。これも、それまではペーストを使ってしか作ったことがありませんでしたが、いざ挑戦してみたら、ちゃんと本場タイで食べたものに近い味を出すことができました。私、けっこうタイ料理の才能もあったのかも？　などと自画自賛してみたり。思えば、タイはこれまで何度も海外旅行先として選んできた国です。「好きこそものの上手なれ」を地で行く格好だったのでしょう。実際タイ料理は、数あるエスニック料理の中でも特に、その独特な癖のある味わいも含めて私の偏愛対象になっていて、レモングラスも、パクチーも、ナンプラーも、いずれも好き嫌いがはっきりと分かれる食材・調味料ですが、つい好んで使いたくなってしまいます。なので、いわゆるタイカレーと謳っていない限定にも、タイ料理のエッセンスが盛り込まれていることも少なくありません。

「魚介系＋動物系」カレーの衝撃

こうしてタイカレーを皮切りに、その後もネパール風、インドネシア風、ベンガル風、スリランカ風と、さまざまな国のカレーにインスパイアされた限定を作ってきました。さらには、ラーメン界における「二郎インスパイア系」ではありませんが、大好きなカレー店「エチオピア」さんにオマージュを捧げた「エチオピア風ポークカレー」（２０１７年11月）のような、より遊び心を発揮したものにも挑戦するように。

そして、限定カレーがさらなる自由を獲得する大きな契機となったのが「アサリ出汁キーマカレー」でした。

オープンして10ヶ月ほど経った頃、そろそろ店にも慣れてきたことだし、一度しっかり休んでリフレッシュしようと思い立ち、久々に1週間の長期休暇を取り、大阪に食べ歩きの遠征に行くことにしました。限定で散々アウトプットを繰り返してきたので、そろそろインプットの方もしっかりしておきたい、そんな気持ちもありました。そして、この旅で食べたカレーに、私は大きな衝撃を受けることになります。

それは、和出汁を使ったカレーで知られる「食堂　虹の仏」さんの「あさりカレー」と「出汁キーマ」です。これらは、それぞれ独立したカレーですが、あいもりになっているため、お皿の上で徐々に混ざり合っていきます。つまり、食べ進めていくうちに、魚介系と動物系の食材／出汁が合体したカレーが出来上がるわけです。こんなユニークなカレーを食べるのは、私にとって人生初の経験でした。

2017年当時の東京のカレー屋さんは、インドカレーをベースにしていることが多かったため、こうした動物系と魚介系のミックスはセオリー外であり、ゆえに完全にマイナーな存在でした。だからこそ私は、その斬新さに驚かされたわけです。でも、東京では珍しくても、大阪のスパイスカレー界隈では、すでに確立された組み立て方ではあったようです。これには、素材の持つ「旨み」を効果的に、最大限に効かせることに長けた、関西ならではの出汁文化の影響が大きかったのではないでしょうか。また、ちょっと目を転じてみれば、カレーとともに現代の大衆食を支えるラーメンの世界においても、こうした「出汁の妙」を追求する動きはすでにスタンダード化していました。いわゆる「魚介豚骨」などに代表されるWスープがそれです。Wスープブームが起こったのが2000年代初頭であることを考えると、2017年当時に、カレーにおけるこうした組み合わせがまだまだ全国区になっていなかったことが、むしろ不思議に思えてきたりもします。

帰京後、虹の仏さんにインスパイアされて作ったのが、「アジョワン薫る！アサリ出汁キーマカレー」という限定です。海鮮（アサリ）と動物（鶏もも挽き肉）をダブル使いした出汁カレーで、アジョワンシードの爽やかな薫りとカスリメティのほろ苦さをアクセントとして効かせて、ちょっと南インドテイストに仕上げてみました。

アサリ出汁キーマカレー

東京では珍しいタイプのカレーだったこともあり、お客さまの反響も大変大きく、それを受けて初めて2週連続で同じ限定をお出しすることにした、とても思い出深いカレーです。今にして思うと、大阪で食べた感動をそのままぶつけた、かなり即興性の高いカレーでしたが、そんな具合に「思い立ったが吉日」とばかりに、「今自分が作りたいカレー」を欲望のままにバンバン発表できるのも、独立した醍醐味と言っていいでしょう。

こうして、アサリ出汁キーマカレーの評判が良かったことで自信をつけた私は、以降さらに自由に、もはや好き放題、興味関心の赴くままに、新たな限定カレーを作り続けていくことになります。限定カレーにおいて、私が創造の翼を自由に羽ばたかせていられるのには、魯珈を魯珈たらしめている重要な要素である「魯肉飯」の存在が大きく関係しているのではないかと考えています。

魯珈は、カレーと魯肉飯の二本柱を掲げて始めた店です。多様なスパイスカレーが東京にも浸透した今となっては、ことさら奇異な組み合わせではなくなっていますが、開店当初はやはり物珍しかったのは間違いありません。そして、カレーと魯肉飯のあいもりをやっている時点で、魯珈はそもそも「何でもアリ」の精神を最初から有していたとも言えると思うのです。つまり、ベースに魯肉飯があることが、魯珈の自由を担保していた、と。

例えば、「南インド料理店出身の店主が始めたカレー屋」がタイカレーを出していたとしたら、おそらく多くの人が「なぜ？」と首を傾げるのではないでしょうか。もしかしたら、「そんなものを食べるくらいなら、ちゃんとしたタイ料理店に行くよ」なんて思う方もいるかもしれません。普通は、そういう反応でしょう。でも、最初からエスニック料理（魯肉飯）とカレーを融合させている魯珈ならば、そうした「なぜ？」はそもそも生まれません。それどころか、「今度はどんなカレーを食べさせてくれるのだろう？」という〝わくわく〟を生み出してしまうのです。

また、魯肉飯は台湾の料理ですが、その根っこには、さまざまな中華料理の歴史が息づいています。私は中華料理も好きなので、中華アレンジ系のカレーもよく作るのですが、こうした方向性も、魯肉飯があるお陰で違和感なく受け入れてもらえてきたと感じています。例えば、花椒を効かせた痺れる辛さの「花椒痺れる！麻辣牛バラ咖喱」（2018年4月）。今でこそ「辛さ＋痺れ」を全面に出した四川料理インスパイアのカレーは珍しくありませんが、当時はまだマニアックな存在でした。こうした限定カレーを頻繁に発表していたこともあり、「東京における中華系カレーの走り」「中華アレンジのカレーは魯珈の独壇場」といったお褒めの言葉を頂戴してきましたが、これもすべてベースに魯肉飯があるからこそ、だと思っています。

エポックメイキングな限定カレーいろいろ

限定カレーを作り続けていく中で、強烈に実感したのは、カレーという料理の懐の深さです。あるいは、一種の「強引さ」と言い換えてもいいかもしれません。

これは、ラーメンなどにも共通するものがありますが、どんなに遠い関係性にある料理であっても、カレーは無理矢理にでも自分の土俵に引き込んでしまいます。中華も、和食も、フレンチも、イタリアンも、その他無数にある料理のジャンルも、「スパイス」を媒介することで、「●●風カレー」という創作料理に仕立て上げてしまうのです。この無限の可能性に、カレー料理人である私は魅了されてやみません。

とはいえ、です。

好き放題に、興味関心の赴くままに限定カレーを作ってきた私ですが、自分の直感に対して、「絶対に美味しいはず！」と「本当に大丈夫か？」と相反する思いが渦巻いてしまうこともしばしばありました。それでも「やってみなきゃ分からない」精神で挑戦するわけですが、その結果は、予想を超えていい感じに大化けするものもあれば、「……あれ？」みたいになることもあり、そうしたある種のギャンブル性も限定カレーの面白さではあります。

　変わり種路線ながらも、自身の経験が元になったことで自信を持ってご提供できたのが、2019年の元旦にお披露目した「ひじきと豆のお雑煮カレー～南インドのかほり～」です。新たな1年もカレーを美味しく食べて過ごして頂けるよう、お客さま方の健康を願って作った縁起物カレーです。3種のインド豆とアジョワンの香りにお餅を絡めて、三つ葉と一緒にお召し上がりいただきました。これは「情熱大陸」にも登場したので、ご記憶の方も多いかもしれませんが、同番組内でインドを旅した時に現地で食べた「野菜のクートゥ」という料理に影響を受けて作ったものです。

ひじきと豆のお雑煮カレー

　私は肉好きなこともあり、それまではあまり豆のカレーは作ってこなかったのですが、インドでは豆を使った料理がたいへんポピュラーで、しかも極めてシンプルなのに、

冷やしトマトカレー

驚くほど味わい深い。この時の感動を限定カレーに活かせないかと考えていたのですが、帰国したのがちょうど年の瀬だったこともあり、「お雑煮！」というアイデアが降りてきたのでした。インドから持ち帰ってきたスパイスを使ったことも含めて、彼の地に行かなければ絶対に作れなかったカレーだと思います。なお、このインドへの旅については、別途コラム欄で詳述していますので、ぜひそちらも読んでみてください（P．１５３）。

恐るおそる作ってみた結果、思っていた以上に大きな反響を呼び、定番化するに至った限定カレーもあります。現在、魯珈の夏の風物詩としてお馴染みになった「冷やしカレー」です。

記念すべき第1弾は、２０１９年8月にお出しした「酸味で食欲増進！冷やしトマトカレー〜茗荷と胡瓜と豆腐と〜」です。タマリンドとトマトで酸味をキュンキュンに効かせ、そこに茗荷や胡麻などの薬味、スライスした胡瓜、豆腐など入れて仕上げました。イメージは宮崎県の郷土料理の冷や汁、テイストはラッサムという感じのカレーです。

どうかな、受けるかな？　とドキドキでしたが、反響がとても大きく、これも2週連続でご提供する運びとなった思い出深いカレーです。以来、夏には必ず冷やしカレーの新作を出すことを決め、今ではすっかり、魯珈にとっての冷やし中華的な存在となっています。昨年（2023年）の夏は猛暑だったこともあり、初の週替わり&2週連続で冷やしカレーをやりました。1週目は「冷しさけ茶漬けカレー」、2週目は「冷やし煮干しキーマ」です。「今年の冷やしは何だろう？」と期待してくださっているファンの方たちのためにアイデアを練る時間は、私にとっても毎夏の大きな楽しみとなっています。

また、「ちょっと早すぎたかな？」「時代の先を行き過ぎていたかも？」みたいなカレーもありました。

例えば、2019年11月に作った、その名も「淡麗」。これは一切具の入っていないという思い切ったカレーで、なぜこんなものを作ったのかといえば、お客さまに「ひたすら出汁を味わってほしい」と思ったからです。金華ハムや鶏の足を頑張って長時間根気よく炊いて、スパイスを合わせました。自分的にはかなり満足のいく仕上がりだったのですが、正直なところ、お客さまの反応が怖かったです。「なんで具がないの？」と言われてしまうかも……と。もはや、お客さまに対して「どこまでついて来てくれますか？」と試しているような、一種の踏み絵のようなカレーだったかもしれません。

しかし、ありがたいことに、これが意外にも好評を博す結果となりました。まずは、インパクトがあったこと。それから、具がないことで、出汁とスパイスのマリアージュを純粋に楽しんでいただけたのが勝因だったようです。「こんなとんがったカレーすらも受け入れてもらえる時代になったんだな」と感慨深かったのと同時に、私的には、自分の殻を破って新しいフェーズに進めた、という手応えを感じたエポックメイキングなカレーの一つです。

総括！ 迷作限定カレー

魯珈でお出ししてきた限定カレーは、すべてInstagramにアップしているので、ページを開けば、これまでの歴史が一望できます。昔の限定の写真を見返すと、自分はよくもこんなにヘンテコなカレーばかり大量に作ってきたものだなと、呆れるやら誉めてあげたくなるやら、複雑な気持ちに襲われます。中には「早過ぎた」どころか、自分でもなぜこんなものを作ったのか、過去の自分に聞いてみたくなる〝迷作〟も少なくありません。

例えば、2021年（8月）の冷やしカレー「冷やしジャスミン茶漬けfeat.鯵のスパイス炒め&西瓜&押麦」などは、その最たるものの一つです。記録によれば、鯵のスパイス炒めをジャスミン茶で割ったカレーだったようですが、具材に押し麦とザーサイ、さらにはスイカまで入っていて、カレーなのにスープが透明です。当時の自分は、いったいどういう精神状態でこれを作ったのだろう？ ……というくらい、自分でも意味不明です。でも、これすらもけっこう受けた記憶があるの

冷やしジャスミン茶漬け

で、もはや何が受けるかは神のみぞ知る、といった心境です。
「もはや謎」な変わり種の限定は、まだまだあります。

今から考えると相当にイカれていたなと自負しているのが、「ジャスミンライスポタージュチキンカレー〜パンダンリーフの香りを添えて〜」（2019年3月）です。私はジャスミンライス（いわゆるタイ米ですね）の香りが大好きなので、それを思いっきり堪能できるカレーを目指して作りました。ジャスミンライスを炊いてミキサーでペースト状にし、さらにスパイスと鶏肉を加えて作るポタージュ風のカレーです。ちなみに、レモンを絞っていただきます。狙った通り、とにかくジャスミンライスの香りが強烈に主張するカレーが出来上がったのですが、最初のお客さまにお出しする時は「勢いで作ってしまったけど、こんな変なカレーを受け入れてもらえるんだろうか？」と、正直かなり不安でした。で、こういうあまりに極端なカレーは、刺さる人にはものすごく刺さることがあります（逆に言うと、ダメな人はまったくダメなのですけども……）。よく覚えているのが、たまにいらっしゃって限定を頼まれるお客さまが、その週に限って、このジャスミンライスカレーを食べるために再訪してくださったことです。よりによって、こんな特殊なカレーを気に入ってくれる人がいるとは！　と、密かにめち

ジャスミンライスポタージュチキンカレー

闇落ちカレー

やめちゃテンションが上がっていたのでした。どんなカレーも、「これはさすがに……」と躊躇せずに、とりあえず作ってみないと始まらないなと、私のチャレンジ精神が一段上のギアに入った瞬間でした。

　魯珈が得意としてきた中華系の限定で特に印象に残っている迷作は、2021年6月にご提供した「酸菜白肉《サンツァイバイロー》咖喱」というマニアックなカレーです。中国の東北地方にある、白菜の酢漬け「酸菜」を入れた酸味のある鍋料理をイメージして作りました。具材は、酸菜と豚バラ肉。酸菜のみならず、さらにタマリンドの酸味を加え、花椒と唐辛子の痺辛味をプラス、タイ料理のトムヤムクンを思わせるクセのある味わいに仕上げました。味は最高でしたが、いかんせん酸菜の匂いが強烈で、その週はこの漬物特有の発酵臭が店内に充満して、とんでもないことになっていました。お客さまには「これ、カレー屋さんの匂いじゃないですよね」「デートでは絶対に来れないわ」と笑われる始末。スパイスの香りだって相当強烈なはずなのに、それすら負かすとは、中国の伝統食材恐るべし……です。

　そして、こうした迷作系の頂点に君臨するのが、やはり「闇落ちカレー～黒の衝動～」（2022年10月）でしょうか。もうタイトルからして、厨二病を拗らせていますね……。ベースにイカスミを使い、文字通り、真っ黒な闇に塗りつぶすかの如く仕上げました。お客さまからの受けはけっこう良かったのですが、今振り返ると「闇落ちカレーってなんやねん」と自分にツッコミを入れたくなります。でも、実は密かなお気に入りで、私の中で〝裏〟代表作的な限定カレーです。

ここまでは、変わり種ながらお客さまの反応が良かった限定をご紹介してきましたが、やはり中には不発だったものもあります。例えば「チキンウプカレー〜塩チキンカレー〜」（2022年6月）。パキスタン料理屋さんで出会ったカレーがとても美味しかったので、それを即興で真似して作りました。元ネタとなったカレーは、カレーなのにスパイスも本当に少ししか入っていなくて、辛味もぜんぜんありません。調味料の類も、ほぼ塩のみと、シンプルにもほどがあるだろ！　と言いたくなるほど。それだけ聞くと、あまり美味しそうに思えないかもしれませんが、味わいの組み立て方が絶妙で、物足りないどころか、非常に満足感の高いカレーだったのです。

ただ、このチキンウプカレーは、お客さまからの反応が非常に薄かったのをよく覚えています。理由を推測するに、「美味しい／美味しくない」以前に、魯珈のイメージから大きく外れてしまっていたのが敗因だったように思います。私が辛いもの好きということもあり、魯珈でお出しするカレーは、基本的に刺激的な味わいになることが多い。そして、その「辛さ」が、「また食べたい」という中毒性を生んでいる側面が間違いなくある。つまり、魯珈には「辛いカレーを出す店」というパブリックイメージがあり、来店されるお客さまもパンチのあるカレーを求めていることが多いわけですね。そのニーズに照らし合わせると、確かにこの限定は、インパクトの薄いカレーと思われてしまったとしても不思議はありません。店のイメージに合っていないと、どんなに作り手に自信があって美味しくても、お客さまを満足させるのは難しいのだなと、飲食店経営における大事なことに気づかされた限定でした。

思いがけないヒットや、さまざまな失敗から学びを得ながら、魯珈の限定カレーは日々進化を続けています。

エリックサウスで学んだ「数値化」の重要性

これを言うと驚かれる方もいらっしゃいますが、私は限定カレーを作るにあたり、一切試作をしません。毎回、ぶっつけ本番です。この食材をこんな方法で調理すれば、だいたいこんな味になるだろう——そういったことを頭の中でイメージすると、おおよその完成形が見えてくるからです。私はこれを「脳内調理」と呼んでいます。

例えば、2018年11月に初作し、2023年10月に限定カレーの復刻リクエストを公募した際に得票数の多かった「柿牡蠣カレー」なら、こんな感じです。まず最初に「今回は牡蠣を使いたい」というところから脳内調理が始まります。少しフルーティな感じを出したいから、じゃあ果物を入れようか。秋の果物、牡蠣と合わせる果物、牡蠣、かき……柿はどうだろう!?（駄洒落）柿の甘さを加味するなら、たぶんシナモンやフェンネルといったスパイスを入れれば牡蠣とうまく繋がるはず。さらに、マンゴーで甘みと風味を補足しつつ、タマリンドの酸味でアクセントをつけて――といった具合に脳内で味を組み立てていきます。そして、新しい限定を発表する水曜日の朝、そのイメージを元に実作、味見をし、微調整を加えて完成！　となります。

こうした作り方が可能になったのは、エリックカレー〜エリックサウス在籍時の7年間、ひたすら毎日カレーを作り続けてきた経験がものを言っているのは間違いありません。あの時に叩き込まれた「基本」があるからこそ、「遊ぶ」ことができるという意識です。言うなれば、頭の中にある、これまでに培ってきた「この食材なら、このスパイスをこのくらい」という配合を起点に、時に足し算、時に引き算、時に掛け算をしつつ、ケースバイケースで応用を効かせていくイメージですね。どんなに突飛なアイデアでも、「基本」と経験さえあれば、いくらでも応用は可能です。

エリックサウス時代は、お店のレシピに忠実に作っていました。つまり、南インドカレーの「王道」が私の身体には染み込んでいます。そして、魯珈でお出ししているカレーは、南インドのテイストをベースに、そこに私独自のアレンジを加えたものです。この独創性の部分が肝ではあるものの、そもそものカレーに「基本」に裏付けされた強度がなければ、ただキワモノに走っているだけ、のアイデア倒れになってしまっていたはずです。週一というハイペースで新作を出し続けることも不可能だったでしょう。

さらに、これまでに何百種類もの限定カレーをぶっつけ本番作り続けてきたことによって、食材に対するアプローチの面で、かなりの経験値が貯まってきたことを自覚しています。つまり、ますます応用が効くようになってきているわけですね。店を始めたばかりの頃を振り返ると、まだまだ未熟だったなあと恥ずかしくなります。経験を積んだ今なら、食材のポテンシャルがもっとも発揮される加熱時間も熟知しているので、同じものでも絶対もっと美味しく作れるはず。そうした反省が、今作るカレーをより美味しいものにしていくのです。

また、エリックサウス時代に叩き込まれたものの中で、自分的に本当に役に立っていると感じていることが、もう一つあります。それは、「すべてを数値化する」という癖です。

私はもともと料理に関しては完全に感覚派で、修行以前は、食材の分量を計ったことがありませんでした。すべて適当、目分量です。だから、何か作りたい料理があっても、レシピを読まず、食べ歩きの記憶などを元にいきなり再現しようとしていました。当然、まったく違うものが出来上がって、「なんじゃこりゃ!」となるのが常です。カレーも、スパイスをたくさん入れれば入れるほどスパイシーで美味しくなるものと勘違いしていた結果、土っぽくて粉っぽくてシャバシャバの、「コクのない「カレー未満」な何かを前に項垂れることに……。私は藁にもすがる思いで、それまでちゃんと読んだことのなかったレシピ本に頼ることにしました。南インドカレーの紹介者として有名な、スパイス料理研究家のレジェンド、渡辺玲さんの『誰も知らないインド料理』という名著です。その中から、一番簡単そうなダールカレーを作ってみたところ、本当に簡単で拍子抜けしました。しかも、スパイスもシンプル極まりなく、少量のチリとターメリック、あとは生の青唐辛子くらいしか使っていないにも関わらず、ものすごく美味しくてびっくり、感動するレベルでした。

「基本」を知ること、そしてレシピ（分量を量ること）の大切さを知った原体験です。

この経験の延長線上に、エリックサウスでの7年間があります。総料理長の稲田さんは、数値化することをとても重視されていました。店で料理を出すということは、「その店の味」を求めて来店されるお客さまを相手にするということです。つまり、再現性が重要になる。もし計量をおろそかにしていたら、味は日によって、作る人によってブレブレになってしまうでしょう。

一度、数値化の世界にみっちり放り込まれた経験から、限定カレーという「遊び」の要素が強い料理を日常的に作るようなった今も、「まず最初に計量」は欠かしません。日々計量を続けていくと、自ずと自分の好きなカレーにおける配合比率が見えてくる、というメリットもあります。これを一度把握してしまえば、多少材料などが変わったとしても、理想とする味に近づけることが容易になります。

また、私は毎回ぶっつけ本番、その時々のノリで作るカレーを決めているところがあるので、もし数値化して分量をメモしていなかったら、美味しいものができたとしても再現することは不可能になってしまったはず。限定カレーは基本的にオール新作ですが、評判の良かったカレーを発展させ、また別な新作を作ることもあります。あるいは、前述のように、過去の限定を復刻するようなイベントができるのも、きちんと計量しているからこそ。今、魯珈でお出ししているカレーは、エリックサウス時代に学んだそれとはだいぶ違うものになってきてはいますが、私の作るもののそここに、その精神は変わることなく宿り続けているはずです。

COLUMN 2

コラム2
私のセルフ・メンテナンス方法

私の休日は、土・日曜日、そして祝日です。テレビの収録のようなお仕事がある時は、土曜も働いたりしますが、何もなければ、だいたいは食べ歩きに行きます。この日は、1週間の中で唯一、目覚まし時計をかけません。いつもよりゆっくりと、自然に目覚めるまで寝ています。とはいえ、7時台には起きてしまうのですけれども。前日くらいには、狙っているカレー屋さん&ラーメン屋さんのリストから行く店を決めておいて、お昼を目がけて食べに行きます。

そして、その後、ほぼ必ずスーパー銭湯に立ち寄ります。もちろん、身体を癒すためです。やはり、5日間連続でワンオペ営業をやると、背中や腰や脚なんかがかなりやられてしまいますからね。でも、スーパー銭湯に行く理由はそれだけではありません。お店を始めて2年目の夏のこと、厨房がめちゃめちゃ暑かったことから、熱中症でダウンして1日臨時休業しなければならなくなったことがありました。熱中症は、夏の初めなど、まだ身体が暑さに慣れていない頃になりがちです。人間の身体は、汗をかくことで体温調整するわけですが、慣れないうちに急に暑くなると体温調整がうまくいかず、身体に熱がこもってしまい、それで倒れてしまうのですね。このことがけっこう悔しかったので、強靭な身体を作ろうと決意し、スーパー銭湯通いを始めました。なぜかといえば、夏だけでなく、冬も含めて一年中汗をかく癖をつければ、熱中症になりづらくなるのではないか、と考えたからです。つまり、カレーに命を捧げるために、年中汗をかける身体に仕上げよう、と。それがいつしか趣味化し、現在に至ります。

スーパー銭湯は、固定の場所ではなく、食べに行くお店の近所で探します。あるいは平日でも、昼営業のみの日で、かつ仕込みが早く終わった時などには、店から近い歌舞伎町の大きなスーパー銭湯に行くこともあります。私が毎日健康に働けているのは、この習慣を続けているからに他なりません。スーパー銭湯万歳、です。

日曜日は、お店は休みですが、仕込みに充てる日と決めているので出勤はします。朝のうちに、まず仕込みを済ませてしまいます。基本的にカレーは当日の朝作るので、日曜の仕込みは、月曜日の朝に作る用のカレーのための切り物をやったり、アチャール――漬物の類をまとめて1週間分作ったり。やはり、味が染みて馴染むまで少し時間がかかりますからね。そして、お昼ご飯を食べに出るタイミングで、ついでに買い出しも済ませてしまいます。業者さんが配達してくれるもの以外の、1週間分の食材を買います。その中心は、やはりスパイス類です。店の立地的に、近所のスパイス屋さんを巡れば欲しいものは大抵手に入ります。大久保、最高です。

再び店に戻ったら、請求書を書いたりと、普段の営業日だと疲れてしまってなかなか手をつけることのできない事務ワークを一気に片付けます。あとは、日々お店のお掃除はしていますすが、より細かいところを拭いたり、グリストラップとかフリースフィルターのような大物をやっつけるのも日曜日です。という感じなので、お店のお休みは週2ありますが、私自身は週休1日制です。大変ですが、これも大好きなカレーのため。幸い、スーパー銭湯効果か、毎日元気に働けています。

思えば、開店した当初は、土曜日も営業していたので、現在の週末の食べ歩き&スーパー銭湯という息抜きの習慣がありませんでした。最初は気が張っていたので大丈夫でしたが、実質的にほぼ休みなしで働き詰めていた結果、7ヶ月目くらいになって軽く発狂しかけました。ふと、エリックカレー時代の、身体を壊してしまった日々が蘇ってきて、怖くなりました。これはイカン、不健康だ。また倒れたら終わりだぞ、と、土曜日も休みにすることを決めたのでした。

第6章

コラボは踊る1 ～レトルトカレー、パン、ラーメン～

初コラボはレトルトカレー

限定カレーに加えて、魯珈という店を語る上で欠かすことのできないのが、さまざまな企業さまたちと一緒に取り組んできた多彩なコラボレーション商品です。

テレビや雑誌などのメディア、あるいは私個人がSNSで発信する情報などを通して、魯珈のことを知ってくださった方もたくさんいらっしゃると思います。でも、それと同じくらい、あるいはそれ以上に、コンビニやスーパーの店頭で「魯珈」という店名の入ったコラボ商品を目にし、「東京の大久保には、こんなカレー屋があるんだな」と記憶してくださった方もいらっしゃるのではないでしょうか。

魯珈が、初めて企業さまとのコラボ商品を出したのは、オープンから3年目となる2019年のこと。きっかけは、その前年に「ハウス食品」さんから「魯珈のレトルトカレーを出しませんか」という依頼のお電話をいただいたことでした。

打診されたのは、2018年スタートの「選ばれし人気店」という、名店のカレーを再現するレ

ハウス食品レトルト

トルトカレーシリーズでした。お話をいただいた時点では、口コミグルメサイト「食べログ」でユーザー人気の高いカレー100店の中から選ばれた3店が監修店としてラインナップされていました。具体的には、千葉の「印度料理シタール」さんの濃厚バターチキンカレー、横浜の「アルペンジロー」さんの特製ビーフカリー、大阪の「旧ヤム邸」さんの牛豚キーマカレーの3店・3カレーです。3店目の旧ヤム邸さんは、大阪スパイスカレーの先駆者として知られていますが、他の2店は北インド系に欧風と、より日本人に馴染みの深い方向性です。おそらく、ハウス食品さんも最初は様子見をされていたのでしょう。雑誌で特集が組まれるなど、当時徐々に広がりを見せていたスパイスカレーブームを受けて、少し毛色が違ったカレーもリリースしていこうという戦略が一方にあり、その結果白羽の矢が立ったのが旧ヤム邸さん、そして魯珈だった――そんなふうに理解しています。

いずれにせよ、今でこそさまざまなジャンルを経験し、かなりコラボ慣れしている私ですが、このレトルトカレーに着手したばかりの頃は、まさに右も左もわからずアワアワしっ放しで、「そうか、コラボ商品って、こうやって出来ていくんだ！」という、驚きと発見の毎日でした。

長期化した制作期間

ハウス食品さんからのオーダーの肝は、従来のカレーでは当たり前だった小麦粉を使用しない、ヘルシー志向のカレーをレトルトで出したい、というものでした。もちろん、スパイスカレーの特性である「スパイスの鮮烈な香りを活かす」というのも重要課題です。加えて、「お店の味を再現する」という大前提もあるので、作るカレーは自ずと魯珈で実際にお出ししているメニューに準ずることになります。でもせっかくの機会ですし、限定カレーで培った経験を活かし、とんがったチャレンジングな商品を作ってみたい、という気持ちもありました。そんなわけで、最初期にはレトルトカレーとしては珍しいラムカレーを打診してみたりもしました。しかし、この案は残念ながら却下と相成りました。理由は、製造ラインに乗せるのが難しかったからです。

一応、メイン食材であるラム肉自体の供給は何とかなる、というお話でした。ですが、肉から大量に浮いてくる脂を上手く処理することが困難だった。当然、肉の脂もカレーの旨みにとって大事な要素です。でも、これらをすべてのパウチに均等に入れていくという作業が、当時の工場のオペレーション上では難しかったのだそうです。つまり、品質にバラつきが出てしまうということであり、これは「商品」という観点から見た時に大きな問題です。別案を出す必要に迫られた結果、魯珈の看板メニューである「魯珈チキンカレー」でいきましょう、ということになりました。

でも実際のところ、これは非常に理にかなった選択でもありました。というのも、レトルトカレーという商品の性質上、「だいたい500円以下」という設定価格の上限もあります。ラム肉を使えば、どうしても材料費が膨らんできてしまうので、代わりに他のところをコストカットする必要が生じます。つまり、商品として成立させるために、何かを妥協せねばならず、不本意な形で世に出さなければならない可能性もあるわけですね。もし、「これ以上は予算的に無理なので、このスパイスは使えません」みたいなことになってしまっては、「レトルトでスパイスカレーを出す」という、そもそもの目的が崩壊してしまいます。でも、メインが鶏肉なら、そうした予算面での心配もほぼないので、ある意味、もっとも無理のないチョイスに落ち着いた格好でした。

作るカレーも決まったので、あとは実作するのみ。ハウス食品さんは、レトルトカレーに関しては日本一と言っていいメーカーです。歴史もノウハウもあるので、カレー作りはすんなり……とは簡単に運びませんでした。というのも、ハウス食品さんは欧風系のテイストに関しては豊富な経験があり、大得意だったのですが、スパイスカレーに関してはほとんどノウハウがなかったからです。加えて、私もコラボは初体験。自ずと探りさぐり進めていくしかなかったのです。

スパイスカレーは、そのネーミング通り、スパイスを強調した料理です。最初にホールスパイスの香りを油に移す「テンパリング」という工程があったり、スパイスの香りを飛ばさないよう、欧風カレーなどとは違って長時間煮込まない、といった作り方の大きな違いもあります。また、煮込み時間が短いことで生まれる、トマトを始めとする野菜のフレッシュ感も重要です。

しかし、レトルトカレーは、パウチされて時間を経て食べられるという前提があります。その結果、スパイスや具材に熱が入りすぎてしまい、香りやフレッシュさが飛んでしまうという構造上の問題がありました。そのため、レトルトカレー作りは、スパイス感とフレッシュさをいかに残すか――その課題との戦いだったと言っていいでしょう。そして、それは簡単なことではありませんでした。結局、魯珈チキンカレーをレトルトで再現するという試みは、完成まで約8ヶ月という、この手の企画としてはかなり長期に渡る制作期間を要することとなりました。

これ、ミートソースですか?

この再現系レトルトカレーの制作は、まずハウス食品さんがA・B・C・Dと平均4パターンほどの試作品を用意してくださり、それを私が試食、一番雰囲気が近いものを選ぶところから始まりました。以降、そのベースに何度も改良を加えていくことで、完成を目指します。つまり、最初にこちらからレシピをお渡しする、ということはなく、ハウス食品さん側が魯珈の味に近いと考えるカレーを作り、それを元に何度も調整・試作を繰り返し、より「っぽい味」へと寄せていくイメージです。

試食するA・B・C・Dのカレーには、開発部の方たちが用意してくれた材料の配合表が付されていました。つまり、それを元に比較していけば、使用したスパイスやその他材料の配合の違いがわかります。例えば、私がBのカレーがもっとも「魯珈らしい」と判断したら、他のA・C・Dと比べて、Bの何が「狙うべき味」に近づけているのか、そのポイントを推測します。もし、Bが他の試作品と比べて、クミンの配合量が多いとしたら、「ここがポイントかもしれない」と予想を立てて、次回はBを叩き台に、よりクミンを立たせた試作品を作ってもらいます。多くの場合は、口頭でだいたいのニュアンスをお伝えしますが、あまりにも狙った味に寄っていかないな、という時は、稀に自ら配合量を具体的に指定したりすることもありました（もっとも、それは最終手段に近いです）。こうした作業を何度も何度も繰り返しながら、理想とする味を目指します。なお、この時は、2週に1回のペースで試食会を開催していました。

経験が浅い者同士がタッグを組んだこともあり、最初の試食会の時点では、お互いに「これは前途多難かも……」と大いに不安を抱いたのではないでしょうか。お持ちいただいた4つの試食を食べた瞬間、私は思わず「ええと、これ、ミートソースですか？」と正直過ぎる感想を口走ってしまい、その場は一瞬で凍りつきました。もうちょっと言い方があるだろ、と今なら思いますが、試作品がすべて「スパイスカレー」を微塵も感じさせない味だったので、びっくりしてしまったのです。要するに、ハウス食品さんがこれまで作り慣れてきたのであろう欧風カレーのテイストが色濃く出てしまっていて、こっくり感ばかりが強く、私がカレーに求めるスパイス感が圧倒的に弱かったのです。

初回は、理想に近いものがなかったので、あらためて作り直していただくことにして、細かく注文をつけました。まず、とにかくスパイスをもっともっと際立たせてほしい、ということを強調しました。それから、玉ねぎのダイスカットも大きめだったので、魯珈でお出ししているチキンカレーの形状・サイズに近づけてほしいとオーダーしました。また、玉ねぎは具として入れているわけではないので、よく炒めてカレーに溶け込んだ状態にしてほしい、とも。

そして迎えた次の試食会でも、また4パターンの試作品を用意してもらいました。ありがたいことに、初回よりはイメージに近いものがあったので、ひとまずそれを採用。さらに、トマトはダイスとピューレの2種類を配合してほしい、玉ねぎのカットをより細かくしたバージョンと、ペースト状にしたバージョンと2種類作ってほしい等の注文を入れました。そして、次回。新たな4種類の試作の中から、トマトのニュアンスはA、玉ねぎはD、それらを掛け合わせたバージョンを作ってください、加えてシナモンをもう少し効かせてほしいです、といったオーダーをし——と、そんな具合にブラッシュアップを延々と繰り返し、味を研ぎ澄ませていきました。

時には、「絶対こうした方がいいだろう」と考えた配合をご提案したところ、理想の味に近づくどころか、逆に遠くなってしまったこともありました。「前回の方が良かったです、すみません」とお詫びしたことも、一度や二度ではなかったはず。あの時は申し訳ありませんでした……。

私は性格的にせっかちなところがあるので、最初の頃は「いっそ自分でやってしまいたい！」とムズムズすることもたくさんありました。でも、回を重ねるごとに、どんどん自分の理想とする味に近づいていくのを目の当たりにし、やはりプロの仕事はすごい！　と感動を覚え、どんどん信頼感が増していったのでした。そしてついに、AとBの2択くらいまで絞り込み、最終的なジャッジを下すに至ります。本当に、お互いに不慣れな状態ゆえにかなり時間がかかってしまいましたが、味の調整に辛抱強く付き合ってくださったハウス食品さんには感謝しかありません。

スパイスの粒が目視できるレトルトカレー

こうして、魯珈が初めて監修をしたレトルトカレーが完成しました。しかし、肝心の仕事がまだ残っています。それは、商品のネーミングです。

このレトルトカレーシリーズ「選ばれし人気店」では、「カレー」の前に二文字熟語を冠すのがお約束だったようで、ハウス食品さんから「何カレーがいいですか？」と聞かれ、しばし考えました。先行する商品に付されていた言葉は、「濃厚（バターチキンカレー）」「特製（ビーフカリー）」「牛豚（キーマカレー）」。それぞれ、お店の方が自店のカレーにしっくりくる言葉を選んで付けられたのでしょう。では、魯珈のカレーにぴたりとハマる言葉は何でしょうか？　私にとってのカレーは、何はさておきスパイスです。スパイスの香りを何よりも重んじる店、ということで、私がご提案させていただいたのが「芳醇」という言葉です。こうして、記念すべき初のコラボ商品「芳醇チキンカレー」は、無事世に出ることとなったのでした。

芳醇チキンカレーが画期的だったのは、再三強調しているように、レトルトカレーというジャンルにおいて、破格なレベルでスパイスの香りにこだわった点でしょう。従来の欧風カレー中心のレトルトカレーにおいては滑らかな口当たりのルーが一般的でしたが、このこだわりの結果、芳醇チキンカレーはそこから大きく逸脱する商品となりました。

前述のように魯珈のカレーには、最初にホールスパイスの香りを油に移すテンパリングという工程があります。よって、ルーには、その際のスパイスの粒がそのまま残ることになります。「魯珈のスパイスカレーを再現する」というコンセプトがある以上、実際に店で出しているチキンカレーと同様に、テンパリングを経たマスタードシードとクミンシードをそのまま入れてほしい、これだけは絶対譲れない条件です、と強く要望したところ、ハウス食品さんが聞き入れてくれました。おかげで、当時としては珍しかった「スパイスの粒が目視できるレトルトカレー」という、かなりとんがった商品を世に問うことができました。このことだけでも、挑戦して良かったと思います。

そして、この粒のまま残したスパイスには、もう一つの機能が隠されています。レトルトカレーには、パウチ後、加圧加熱殺菌される工程が入ります。つまり、本来なら「加熱しすぎない（煮込まない）」ことで香りが飛ばないようにするスパイスカレーに火が入り過ぎてしまうという弱点があったのです。でも、この粒のスパイスを噛むことで、その飛んでしまった芳香を一瞬にして蘇らせることができる。これが、「レトルトでスパイスカレーを作る」という本ミッションにおいて、私がもっともこだわったポイントです。

当時の自分としてはベストを尽くした、と自負していますが、やはり初めての経験だったこともあり、後年「もっとこうしておけば……」という後悔もありました。要するに、さまざまなコラボを経験した今なら、もっと上手く作れるはず、ということですね。

でも、私は恵まれていました。芳醇チキンカレーの発売から2年目の、2021年のこと。ハウス食品さんに、より味をブラッシュアップしたリニューアルバージョンを作りませんかとプレゼンさせていただいたところ、OKを出していただいたのです。こうして、芳醇チキンカレーのパワーアップを目指し、再び制作がスタートしました。

この2年の間にさまざまな経験を積んで成長した私は、今なら、より本物の魯珈チキンカレーの味に近づけられるという確信がありました。そして、驚かされたのは、成長していたのは私だけではなかったことです。この間に、ハウス食品さんの技術力も爆上がりしていました。最初の試食会で、「あの頃はなかなかうまくいかなくて、すみませんでした」と言いながら出してくださったカレーの美味しかったこと！　双方の成長のおかげか、前回よりはるかにタイトなスケジュールながら、自分的にも太鼓判を押せるような商品を作り上げることができました。この新生・芳醇チキンカレーは、2023年の発売開始以来、売れ行きも好調で、SNSなどでも「圧倒的に美味しくなった！」とご好評をいただいています。

最初のレトルトカレーを作っていた頃を思い返すと、双方ともに未熟な点はあったとはいえ、やはり私の拙さ――特にコミュニケーション面での至らなさが災いしていたなと、反省しきりです。

制作が始まった頃、作っていただくカレーがなかなか自分の思う味に寄っていかないので、「なんでだろう？」「どうしてこちらの意図が伝わらないのだろう？」ともどかしく感じていました。

試食会が終わると、毎回「今日もぜんぜんOKラインに到達することができなかった……」と凹んでばかり。苦しかったですね。

この経験から学んだのは、自分にとっては当たり前でも、それが他人にとってもそうであるとは限らない、ということです。魯珈のカレーを毎日作っている人間（私）が、魯珈のカレーのことをよく知っているのは当たり前です。でも、真似して作る方からすれば、分からないことだらけ。私の意見を頼りに、ああでもないこうでもないと、探りさぐり目標の味へと一歩一歩、地道に近づけていくしかありません。きっと、ハウス食品の方たちも、いろいろ試行錯誤して「これで近づいたんじゃないか!?」と思って持っていったものが、毎度毎度「違います」と言われ続けるのは相当なストレスだったはずです。

このことに気づいてからは、「伝え方」を改めるようになりました。それまでは、元巨人の長嶋茂雄さんの「シャーッときてググッとなったら、シュッと振ってバーン」的な、いわばフィーリングで伝えようとしていたという自覚があり、これがダメな原因だったのでしょう。最近は、コラボさせていただく時は、「トマトはこういう品種で、このくらいの大きさにカットし、このくらいの比率で入れていただくと、より魯珈チキンカレーに近づきますよ」といった具合に、可能な限り数値化したり、こちらの意図を丁寧に、具体的に伝えることを心がけるようになりました。

実際に製品化してくださる作り手の方たちの気持ちに寄り添おうと努めることが、よりスムーズに、そして、より良い商品を実現するための、もっとも重要なコツであり近道なのだと今なら分かります。

カレーパンは「バランス」

レトルトカレーに続き、やはり初めての経験という意味で特に印象に残っているコラボが、ＪＲ東日本の駅ナカコンビニ「NewDays」さんからオファーを受けて作った『SPICY CURRY 魯珈』監修カレーパン」（２０１９年）です。

NewDaysさんは、それ以前にも、私の大好きなカレーの名店であるエチオピアさんとコラボしたカレーパンを発売されていた実績があり、いわば魯珈は、流行りの「スパイスカレー枠」でお声掛けいただいたのでした。カレーパンの監修は、カレー店にとってはレトルトカレー同様に花形のお仕事です。パン作りは未経験だったものの、それゆえにチャレンジングな試みとして、個人的にもいつかやってみたいと思っていたコラボでした。結果的に、ＪＲさんから「今までのコラボシリーズで一番売れました」と言っていただき、非常に手応えを感じた思い出深い商品です。

「何度も試食会を繰り返して、理想的の味に近づけていく」という意味では、カレーパンも、レトルトカレーの制作工程とほぼ変わりませんでした。ただ、カレーパンの場合は、パンとフィリングを作る会社が異なったため、試食用のパンとカレーフィリングが別々の場所で作られ、当日店で合体させて味見をする、という形が取られました。ちなみに、この時のパンは、敷島製パンのブランド「Pasco」さんが担当してくださいました。当然のことながら、思っていた方向性に近い時もあれば、遠い時もあります。つまり、「パンはいいけれど、フィリングがちょっと……」という時もあれば、「フィリングはいいけれど、パンがちょっと……」という時もある、ということです。どちらか片方だけにダメ出しをせざるを得ない時は、やはりけっこう気まずかったですね……。

味の調整に関しては、レトルトカレーの時とあまり変わらず、試食したものから理想に近いものを選び、さらに「こうすると、よりお店の味に近づくと思います」というアドバイスをお伝えし、調整されるのを待つ、の繰り返しです。ただ、カレーパン独自の調整ポイントもたくさんありました。

NewDays カレーパン

まずはフィリング。言うまでもなく、カレーパンに入れるカレーは、店でお出ししているカレーとはまるで別物です。まず、パンに包む都合から粘度がかなり高い。当然ご飯とは合いませんので、パンに特化した特殊なカレーだと言えるでしょう。とはいえ、少しでも店でお出ししているカレーに近づけたいので、私としては可能な限り緩めにしたい。でも、包む上での物理的な限界もあるので、製造メーカーさんに「もうちょっと、緩くできませんか?」としつこくお願いし、「ここが限界です」というギリギリのラインを攻めました。

また、カレーパンのフィリングといえば、なめらかでもったりとしていて、ベクトル的には欧風カレーに近いイメージがあります。つまり、スパイスカレーとは真逆の方向性です。にもかかわらず、食べた瞬間に「スパイスカレーだ」と思わせるにはどうしたらいいか、という大きな課題もありました。

まずは、スパイス感を出すためには、レトルトカレーの時の手法を踏襲し、ホールスパイスを使うことにしました。そして、野菜のフレッシュ感を出すために、トマトにも一工夫。従来のカレーパンにおけるトマトは、なめらかな口当たりを狙って、粉末かピューレを使うのが一般的でしたが、これをダイスカットのトマトに置き換えました。固形のトマトが入ると、果肉感といいますか、かなりジューシーさが出ます。このジャッジによって、見た目こそ程遠いものの、ぐっとスパイスカレーっぽい雰囲気が出てきました。

また、レトルトカレーとの違いで面白かったのは、フィリングの量を変えて試食する工程があったことです。つまり、パンの重量は固定で、中に入れるフィリングの量を、Aは35g、Bは40g、Cは45g——といった具合に変えていくのです。

やはり、食べる側の心理としては、中のカレーがたくさん入っている方が嬉しいですよね。私もいっぱい食べたいし、もし「カレーが少なかった」なんてレビューを見たら悲しいので、メーカーさんに「何gまで入れることができるのですか?」と聞いてみたのですが、その時は、原価率から割り出して最大45gまで可能、とのことでした。なら、やっぱり45gマックス入れちゃうしかないよね、と思ったものの、試食をして驚きました。フィリングは多ければいいというものではなく、パンに対して比重が大きすぎると全体のバランスが悪くなり、味わいが損なわれてしまうのです。最終的に、40gがベストという結論に落ち着きましたが、カレーパン作りの経験を通して、「美味しい」はとても繊細なバランスで成り立っているのだな、ということを学びました。

このカレーパンコラボは好評で、その後もコンビニ限定の商品など含めて、計7回ほど監修を経験しました。人によっては、カレーパンという食べ物の固定化したイメージから、そこまで味にバリエーションが出せないのではないか、という見方もあるようですが、現実には、商品ごとにはっきりと独自性が出る結果になったのも面白い経験でした。

まず、商品によって製パン会社が変わります。会社が変われば、当然パンの味も変わります。そうすると、中のフィリングがほとんど同じでも、トータルではまったく違った味わいになってくるのです。言うまでもなく、これはフィリングを主体としてみても、同様です。さらに言えば、パンAに合っていたフィリングが、パンBに合うとは限りません。そうなると、「魯珈の考えるカレーパン」という方向性こそ一緒でも、やはりフィリングはパンに合わせて、パンはフィリングに合わせて適宜調整する必要が出てくるのです。

そして、カレーパンを作ってみて実感したのは、コラボはコラボを呼ぶ、ということです。一度コラボをやると、単純に「この店はコラボ案件をやってくれる店なのだな」と業界内で判断されるというのもあるでしょうし、過去の経験から勝手も分かっているはず、なら制作もスムーズに進行する違いないという目算も働くのかもしれません。

2023年には、偶然PASCOさんとNewDaysさんの2社から同時に「また、カレーパンでコラボしませんか」とオファーをいただき、びっくりしました。双方に「実は今、別な会社さんからもご依頼いただいていて……」と正直にお伝えしたところ、どちらからも「それでもOKです」とのまさかのご回答が。嬉しいお話でしたが、同ジャンルのコラボ商品を同時進行で作るのは初めての経験だったので、正直頭は大パニックでした。これらは、「spicy curry 魯珈監修カレーパン」および「spicy curry 魯珈監修スパイシーカレーパン」（この時は、「第一製パン」さんがパン作りを担当）という商品名で、同年に発売されました。こんな具合に、企業さまと継続的な関係が続くのは、もちろん商品の評判がいい、ということは大前提として、やはり製造ラインが一度できていることで、再コラボしやすいという面もあるのだと思います。

ラヲタの夢叶う

カレーパンと並んで強く印象に残っているコラボに、「エースコック」さんと組んだ「カレー専門店が挑む一杯　SPICY CURRY 魯珈　カレーラーメン」というカップラーメン商品があります。

私はカレーのみならず、無類のラーメン好きでもあります。それ以前から密かに、カップラーメンメーカーさんとコラボすることに大きな憧れを抱いていました。なので、このオファーをいただいた時は、「やった、ついに来た！」と、心の中でガッツポーズをしていました。

　普通に考えて、「お店の味をカップラーメンで再現」という企画で、カレー屋に声がかかることは、まずないでしょう。当たり前ですが、カレー屋はラーメンを出しませんし、こうした案件は行列のできるラーメン屋さんのものです。もちろん、好きゆえに自宅でラーメンを自作してＳＮＳにアップする、くらいのことはしていましたが、あくまで趣味の範疇です。

エースコックカレーラーメン

　では、なぜ魯珈に白羽の矢が立ったのかといえば、この企画が異業種外食店とのタイアップを目的としたシリーズだったからです。おそらく、「情熱大陸」への出演といったメディアへの露出があった後だったこと、スパイスカレーブームであることなどから、話題性があると判断されてのことだったのではないでしょうか。かつ、私が普段からラーメン好きを公言していたこともプラスに働いたのかもしれません。いずれにせよ、この時ほど、ラヲタをアピールしていて良かったなと思ったことはありません。そのくらい、嬉しいお誘いでした。

　ちなみに、魯珈はシリーズ第２弾として登場、先行する第１弾は「さば料理専門店が挑む一杯　ＳＡＢＡＲ監修　さばを味わうコク塩ヌードル」でした。でも、それは後から知ったことです。普通なら、かつてどんなお店がコラボしていて、どんな商品だったのかを事前に調べてから引き受ける／引き受けないの判断をするところですが、この時は「カップラーメン！」という喜びが勝り過ぎて、二つ返事でOKしてしまったのでした。だって、カレーとラーメンという、私がもっとも好きな食べ物を組み合わせられるのですから、こんな最高なことはないじゃないですか。自分の中に、受けないという選択肢は微塵もありませんでした。

先方からのお題は、「魯珈テイストのカレーラーメンを作る」というものでした。カレーラーメン自体は、うどんなどと比べるとメジャーとは言い難いですが、あることはあります。また、かなり少数ですが、ラーメンにおいてスパイスカレー的なアプローチを取るお店も存在しました。でも、魯珈のテイストをラーメンで、となると、やはりいろいろ考えなければなりません。

普段、魯珈のカレーはライスで食べます。これを麺で、となると、同じ「炭水化物＋汁（カレー）」でも、やはり根本から別物です。しかも、カップラーメンはお湯を注いで完成させることになるので、そうした「ちょっと先」までをも想像しながら作る必要もあります。つまり、「魯珈テイスト」は表現できても、絶対的に同じ味にはなりようがない。ゆえに、かなりチャレンジングな企画になるという認識はありました。

とはいえ、ある意味では、レトルトカレーを作る時よりも気が楽だった、とも言えます。なぜなら、レトルトカレーは「魯珈のカレーをレトルトで」というコンセプトがある以上、店で出しているカレーに「可能な限り近づける」ことが大きな命題となります。まだ魯珈のお店に来たことがない方が食べて、「魯珈って、こういう味なんだ」と判断される可能性も当然ある。ゆえに、「店の看板を賭けてやる」という強い意思を持って、シビアに「再現」へと取り組むことになります。

一方、カレーラーメンのような性質の商品は「これから新たに作る味」です。レトルトカレーのように、寄せていく、目指す具体的な対象があるわけではありません。だからこそ、自分の中にあるさまざまなアイデアを試すことができるのです（そういう意味では、カレーパンコラボも同様ですね）。つまり、この時であれば、「ラーメン」というフォーマットを使って、カレーの新たな探求ができる。これは、作り手としてはスリリングかつ楽しい経験であり、大いにやる気を刺激されました。

基本的な作り方としては、まずベースとなるスープ（出汁）を決めるところからスタートし、次に合わせるスパイスを指定。これを受けて作っていただいたスープに麺を加えて試食し、味の調整を繰り返す、という流れです。

エースコックさんから話をいただいた瞬間に、まず思い浮かんだのは、「カレーのカップラーメンといえば」な大定番、「日清食品」さんの「カップヌードル　カレー」のことです。正直、あれは本当に美味しいですし、食べても食べても飽きるということがない孤高の存在です。カレーラーメンとなれば、絶対あそこと比較されることは間違いなく、もし類似するようなものを作ってしまったら、「やっぱり日清のカレーヌードルが一番美味しいよね」で終わってしまうでしょう。あの大名作と大きく差別化を図らなければ、そもそも勝負にならないということです。となれば、私が得意として、かつ勝算のある方向性は、やはりスパイスカレー的なアプローチでしょう。スパイスの立ったスープと、それに負けない麺から成る、これまでにない刺激的なスパイスカレー・カップラーメンを目指す——そんなコンセプトのもと、試行錯誤の日々が始まりました。

「後入れガラムマサラ」という突破口

まずは、ラーメンの味を左右する存在であるスープです。エースコックさんには、これまでに無数のカップラーメンを作ってきた経験から、さまざまなスープの引き出しがあります。まず最初は、比較的オーソドックスなチキンベース、ポークベースのような、カップラーメンでよく使われるスープを中心に試食を用意してくださいました。加えて、ラヲタである私個人の趣味として、煮干しのスープもオーダー（当時のマイブームだったのです）。そして、それぞれに指定したスパイスを入れてもらい、試食用のスープを作ってもらいました。

こうして迎えた試食会当日。担当者の方が「煮干しバージョンも一応作ってきましたが……」と苦笑いをされているので、味見してみると、確かにちんぷんかんぷんな味で「うーん……これはない、ですね……」となり、残念ながらボツに。結局、スープに関しては、魯珈チキンカレーの味を踏襲するということにして、チキンベースの出汁を使うことにしました。そして、カレーヌードルのような濃厚・マイルド系ではなく、さらっとシャバシャバという方向性に舵を切り、チキンブイヨンスープのようなすっきりとした味わいに仕上げることで、よりスパイスをシャープに感じられるようなしつらえにしました。

そして、コラボもので毎度の頭を悩ます、どうやってスパイスの香りを立てるか、という課題については、今回はあらかじめ秘策がありました。

店でカレーをお出しする時に、仕上げにガラムマサラを振りかける工程があります。もちろん、フレッシュなスパイスの香りをブーストするためです。これは、カップラーメンでも実現可能じゃないか、と閃いたのです。カップラーメンの蓋のところに、よく後入れのオイルなどを添付しているものがありますが、あれをガラムマサラに置き換えればいいのです。エースコックさんサイドからは、そうした提案はなかったのですが、制作の終盤に「当然できますよね？」「あれがあって、初めてこのラーメンは完成するんです」とご相談……という名の圧をかけたところ、「わー！（バレたか……）」という反応が。要するに、その工程が入るだけで、作る側の手間が相当増えてしまうということなのでしょう。「……ちょっと会社に持って帰らせてください」とのことでしたが、最終的に、なんとかＯＫを取り付けることができました。

そうそう、余談というか、ちょっとした裏話ですが、その打合せの後に、たまたま魯珈の店の前を通ったご常連さんが、携帯電話で「完成間近だし、今日は簡単に行けると思ったんだけど……ダメだった」と路上で話している人を目撃されたそうで、その報告を受けた私は「あ、エースコックの社員さんだな」と察して、思わず苦笑いしてしまったのでした。あの時は、困らせてしまってすみませんでした……。

また、ラーメンといえば、スープを受け止める「麺」の存在も重要です。こちらも、太麺、細麺、ストレート麺、ちぢれ麺……と、たくさん試食しました。そして、さまざまな選択肢の中から私が選んだのは、適度な弾力と滑らかかさを併せ持った、平打ちっぽい角刃の太めんでした。

ラーメンにおける麺は、そのものの美味しさもさることながら、「スープをどのくらい絡ませられるか」ということも大きな判断材料になります。ひとすすりで口中に収まる麺とスープのバランスが、味わいに大きな影響を与えるからです。細麺を採用しなかったのは、表面積の関係から、スープが絡みすぎて過度に辛さが立ってしまうところに若干のバランスの悪さを感じたからです。また、カップラーメンの細麺は伸びるのが早いのも気になりました。麺が伸びると、味わいも悪い方向に変化してしまうので、そうなるまでの猶予時間を長く取りたかったのです。また、太麺ゆえのもっちりとした歯応えは、満足感の大きさという意味で、どこかお米に近い印象もありました。もちろんカレースープにもバッチリ合います。

こうして2021年に完成した「SPICY CURRY 魯珈　カレーラーメン」は、カップに粉末スープとお湯を入れて3分待ち、全体をよく混ぜてから袋入りの特製ペーストを投入。再度全体をよく混ぜたら、最後に袋入りのガラムマサラかけて完成――。

後入れガラムマサラ案が通ったことで、クローブの香りを強調した魯珈のカレーらしさを表現できましたし、加えて、同じく後入れのトマトとオニオンの旨みを濃縮させた特製ペーストを添付できたことで、スパイスカレー特有のフレッシュさを付与することにも成功しました。さまざまな形で「ラーメンでスパイスカレーを」を実現できた、私のお気に入りの監修商品です。この経験があったからこそ、後年（2023年）、ラーメンチェーン「らあめん花月嵐」さんとのコラボで、店内提供用の「SPICY CURRY RAMEN 魯珈」を作り上げ、現時点での私のスパイスカレーラーメンの知見と経験を集大成することができた。本当に、いい勉強をさせていただきました。

そして、このカップラーメン監修は、私をさらなる壮大なコラボの世界へと誘っていきます。というわけで、次章に続きます。

COLUMN 3

コラム3
店を始めて「やめた」こと

自身の1日のタイムスケジュールを書き出してみると（P.83参照）、好きでやっているとはいえ、ほとんど「店」という名の監獄に幽閉されているような気分になってきます。遊びに行く暇もないし、はっきり言って、華やかさゼロです……。

魯珈を始めてから、できなくなったこともあります。正確には、「やめたこと」と言った方が正しいかもしれませんが、例えば、生牡蠣を封印しました。大好物なのですが、食中毒にならない保証はないので、リスクを避けて生食はやめ、加熱オンリーと決めました。事実、魯珈を始めて以来、一度も生では食べていません。

また、ハイヒールを履くのをやめました。以前は、趣味でハイヒールを集めていたりもしたのですが、靴はもっぱらスニーカー一択となりました。理由は、万が一にも怪我をしないためにです。お店に立てなくなってしまいますからね。

同じ理由から、ゴルフもやめました。ゴルフは、一見すると大人しいスポーツのように見えますが、手首や腰を捻る動作があるため、けっこう怪我をしやすいのです。ただでさえ、お店を始めてから手首を酷使していて、腱鞘炎になってブロック注射を打つ羽目になったこともあるくらいです。料理人にとっての職業病ですね。これで週末にゴルフなんてやっていたら、たぶん早々に店は終わっていたことでしょう。

私は、魯珈を人気店にするために頑張ってきましたし、同時にそれを継続させるために、自分の好きなものも諦めてきました。寂しくないと言えば嘘になります。でも、そのことによって、新たな「好き」の発見もありました。

例えば、スニーカーを履くようになって、ハイヒールにはなかった圧倒的な歩きやすさに感動し、いつしか散歩が趣味になっていました。普段から、店で立ちっぱなしとはいえ、やはり同じ動きの繰り返しになるので、どうしても偏りのある身体になってしまいます。散歩は、身体をバランス良く動かせるので、体力作りの絶好の機会となっています。たまに店から自宅まで、1時間半ほどかけて歩いて帰ることも。こんなに歩けるようになるのか！　と自分でも驚いてます。また、歩いていると頭がすごくクリアになってくるので、そこで新しい限定カレーのアイデアが湧いてくることもあります。

ワンオペ営業にこだわり続けている私にとって、自身の心身の健康管理こそが最重要課題です。自分が倒れてしまったら、そこで即「ジ・エンド」となる働き方をあえて選んだ以上、心身のコンディションに責任を持つことは絶対条件です。私の、こうした店中心の生活は、これからもずっと、魯珈が魯珈としてある限り、ずっと続いていくことでしょう。

第7章
コラボは踊る2 ～イトーヨーカドー、そしてセブン・イレブンへ～

コラボカップラーメン、そのヒットの裏側

前章でご紹介した、コラボカップラーメン「カレー専門店が挑む一杯　SPICY CURRY 魯珈　カレーラーメン」はたいへんご好評いただき、販売元であるエースコックさんが想定していた販売数を遥かに超えるヒットを記録しました。

この快挙は、いくつかラッキーな「想定外の出来事」が作用した結果でもあります。当初、このカップラーメンは販売期間が約3ヶ月のスポット商品で、展開エリアはコンビニとスーパーを中心とした、やや限定的なものでした。しかし偶然、この時期にスーパーマーケットチェーンの「イトーヨーカドー」さんから「魯珈のフェアをやらせてほしい」と打診いただいたことで、事態は大きく動き出します。

ちょうどカップラーメンの仕事も一段落ついたところだったので、私は、このご依頼を快諾しました。もちろん、フェアにあたってイトーヨーカドーさんとのコラボ商品も作りましたが、それに加えて「齋藤さんが監修された商品で、扱えるものは全部、売り場で展開します」と提案いただだい

た結果、最新の監修商品であるカップラーメンが売り場に高々と積み上げられることになりました。しかも、イトーヨーカドーさんの店舗数は全国で228もあります（2023年8月時点）。このインパクトが非常に大きかった上に、同チェーン内で、なんと10万食も買い取ってくださったとか。まさにミラクル、でした。

ポークビンダルーがスーパーで買える時代

この2021年開催の、魯珈を中心に据えたフェア「夏のカレーフェス」で、イトーヨーカドーさんとコラボして作った監修商品は2つあります。

まずは、製パンに「山崎製パン」さんに入っていただいた「ヤマザキ　100周年記念カレーパン SPICY CURRY 魯珈監修」です。カレーパンに関しては、すでに何回かコラボを経て経験値が貯まっていたので、どんと来い！　状態で取り掛かりました。驚いたのは、山崎さんのプロっぷりと引き出しの多さです。過去のカレーパンの試食会では、初回はだいたい「ザ・カレーパン」な揚げパンを1種類のみご用意いただくことがほとんどでしたが、山崎さんの場合は、厚めのパンと薄めのパン、表面にまぶすパン粉が粗めのものと細かめのもの、さらにはその付け方が厚めのものと薄めのもの——といった具合に、あらゆるケースが想定され、そのサンプル数の多さに圧倒されました。しかも、どれも美味しいとくるので、「これもいいし、これもいい。一つしか選べないとは、なんて悩ましいのか……！」と、嬉しい悲鳴状態です。日本の製パン界の王者たる風格に、私はもう脱帽しきり、なのでした。

そして、もう一つは「魯珈監修 雑穀ご飯のスパイスチキンカレー」というカレー弁当です。私のコラボ経験値をさらに爆上げさせてくれたという意味で、非常に手応えを感じた商品でもあります。魯珈では、開店以来ずっとテイクアウトのお弁当もやっていますが、それはお店でお出ししているカレーをそのまま容器に詰めてお持ち帰り仕様にしただけです。「店のカレー」から独立した、純粋な「お弁当」を作るのはこれが初体験でした。

このチキンカレー弁当は、税込598円と低価格で、非常にカジュアルな商品ながら、こだわりがたっぷりと詰まったものとなりました。特筆すべきは、健康への配慮。魯珈のカレーは小麦粉を使わないことを始め、一貫してヘルシー路線ですが、この商品はその傾向をより強化したような内容で、15穀米を使用し、オクラなどの健康に良い野菜をおかずとして添えました。なぜ、こうした方向性を採用したのかといえば、それはスーパーの客層を強く意識したからです。

スーパーの客層は、時間帯にもよりますが、台所を預かる女性たちのシェアが圧倒的に大きい。これがコンビニになると老若男女を問わなくなり、特に昼時などは働いている方や若い方がメイン客層となるため、ガッツリ系の方が受けがよくなります。こうした「場所が変わればニーズも変わる」というマーケティングの基礎知識を、制作過程でしっかり学べたのは非常によい経験でしたし、その後のコラボ仕事でもたいへん役に立っています。

この魯珈フェアはたいへん好評だったようで、以来イトーヨーカドーさんでカレーフェアを開催する時は毎回お声掛けいただき、その度に新たなコラボ商品を作らせていただいてます。

例えば、2022年初夏に開催されたカレーフェスで発表した「魯珈監修 釜玉カレーまぜうどん」は、チルドのカレーうどんです。和え釜たまカレーうどんのような感じで、ソフト麺とカレー味の粉末ソースがそれぞれ2食分入っています。湯がいた麺に粉末をかけて和え、最後に卵を落として完成です。理想を言えば、粉末よりもペーストの方がベターだったので、何度かできないか聞いてみたのですが、低価格帯の商品という設定だったため、ここは妥協するしかありませんでした。でも、粉末は以前レトルトカレーでコラボしたハウス食品さんとの共同開発が決まり、すでに勝手知ったる仲だったこともあり、製作は非常にスムーズに進みましたし、出来には満足しています。

ポークビンダルー

あるいは、ヘルシー路線のニーズの高さは依然変わらず、2023年夏のカレーフェアでは、「魯珈監修ポークビンダルー」というお弁当を作りました。ポークビンダルーは、豚肉をお酢とスパイスに漬け込んで作るカレーで、お酢は言うまでもなく身体に良いですし、さらに、爽やかな酸味が夏にぴったりです。ご飯にはターメリックライス、付け合わせに紫キャベツと夏野菜のアチャールをそれぞれ添え、さらに赤いカレーソースの色で鮮やかなコントラストを狙った、カラフルで夏っぽいお弁当に仕上げました。

　ポークビンダルーがスーパーのお弁当で買える時代になったのか、と南インドカレーやスパイスカレーブームの黎明期を見てきた人間としては、なかなか感慨深いものがあります。実際、ポークビンダルーは、コンビニで売られるようになって急激に知名度を上げたビリヤニなどと比べると、まだ全国区一歩手前の存在です。実は、このポークビンダルー弁当案は私がプレゼンさせていただいたのですが、イトーヨーカドーさんの方では当初、あまりピンときていなかったようです。打ち合わせに同席されていたハウス食品（弁当の製造を担当）の担当者さんが「今すごい人気のあるカレーなんです。うちも、ポークビンダルーはレトルトカレーの売り上げベスト3位なんです」とフォローしてくださったことで、風向きが大きく変わったのでした。フォローがあったとはいえ、1、2年前だったらほぼボツになっていた企画だと思われるので、やはり今のカレー人気は本物なのでしょう。いずれにせよ、スーパー限定で出すにはなかなかとんがった商品だったかもしれませんが、ありがたいことにたいへんご好評いただいたと聞いています。

ブームで生まれた、新しい需要と供給

また、イトーヨーカドーさんとのコラボで面白かったのが、カレーフェアを開催するたびに作られる販促物です。2022年には、1月と7月と2回もフェアがあり、コラボ商品とは別にそれぞれ宣伝用の印刷物に監修レシピを提供しました。1月の時は、新聞に挟み込まれるカレーフェアの広告上に、「エビとホタテのスパイシーカレー」「手羽元と冬野菜のスープカレー」のオリジナルレシピが掲載されました。紙幅の都合もあり、レシピ自体はQRコードに誘導し、広告上にはそのカレーを作るのにおすすめの食材や固形ルーが載りました。スーパーの食料品売り場によく置いてある、「今お買い得の●●を買ったら、ぜひこのレシピでお夕飯を作ってみませんか?」的な印刷物のイメージですね。ここから発展し、7月の時には、三つ折りのリーフレットに、私を含めて3人のカレー店オーナーによるレシピが掲載されることになりました。ちなみに、他の2店は「スープカレー専門店　札幌らっきょ」さんと、「旧ヤム邸」さんでした。私が提供したレシピは、「スパイス香る、まろやかビーフカレー」。ご家庭でも作りやすいように、ハウス食品さんのカレールー「ジャワカレー」を使用。中辛をチョイスしたのは、お子さんでも食べられるようにしたかったからです。でも、スパイスも際立たせたかったので、入手しやすいGABANのパウダースパイスでクミンとクローブをブーストしました。スーパーにいらっしゃるお客さまの姿と、彼ら・彼女らが家族でどんなカレーを食べたいかを想像しながらレシピを組み立てていく作業は、普段店で限定カ

レーを考える時とはまたぜんぜん違った頭の使い方をする必要があったため、とても良い経験になりましたし、私のカレーの引き出しに新たな一段が加わったように感じています。

こうした試みも功を奏し、イトーヨーカドーさんと魯珈とのコラボ商品の売り上げは、スタート時からずっと好調だそうです。ありがたいことです。とはいえ、これはあくまで「やってみた結果」であり、最初から安牌的な企画ではなかったはずです。魯珈は、多少メディアに登場しているとはいえ、実態は大久保の小さな個人経営の飲食店です。企画をされた方たちは「いける！」と思っていたかもしれませんが、みんながみんながそう思っていたわけではないでしょう。ある種の「賭け」でもあったはずです。

この成功をあらためて自己分析すると、まずは、スーパーで本格的なスパイスカレーが買える、という目新しさが大きかったのではないかと思います。これまでどちらかと言えばマニアックな存在だったスパイスカレー屋が表舞台に登場してきた——これはいわば、サブカルチャーがメインカルチャーの牙城に打って出たかのようなインパクトを消費者に与えたのではないでしょうか。そしてもちろん、そうしたアクションが可能になったのは世のカレーブームがあったからです。ブームの追い風によって女性ファンが増えていたところに、スパイスカレーのマナーに則ったヘルシー路線のカレー弁当が響いた、ということも指摘できるのでは。

やはり、カレーという食は、それまで男性色が濃厚なジャンルだったことは間違いありません。そこに新たなムーブメントとして登場してきたスパイスカレーが浸透するにつれ、カレーの薬膳的かつヘルシーな側面に関心が集まり、女性の作り手・食べ手が増えていった。こうした動きが、イトーヨーカドーさんでの魯珈フェア、およびカレーフェアの成功の背景にはあるように思います。加えて、それまでスパイスカレーのイメージが皆無だったスーパーという場所で大展開したことも、非常に大きな意味とインパクトを持っていたはずです。

スパイスカレーは、それまで「小さな個人店で食べる」「マニアックな」食べ物でした。そこにアクセスするのは、一部の好事家に限られていた。しかし、カレーに関心を持つ層が大きく膨れ上がっていった結果、その限りではない状態が出来上がりつつありました。カレーに関心を持つ人は街のそこここにいるわけで、スーパーの利用者にだっていて当然です。つまり、すでに需要があったけれども供給がなかったエリアに、バチンとハマったのがイトーヨーカドーさんの魯珈フェア、カレーフェアだったのでしょう。さらに言えば、こうした状況は、マニア側にも目新しく映ったはずです。「どれ、お手並拝見」とばかりに足を運んでくださった方も少なくなかったのでは、と想像しています。

「ろかプレート」完全再現への想い

イトーヨーカドーさんとのコラボは、さらに大きなコラボへと繋がっていきました。それは、同じ「セブン&アイ・ホールディングス」グループに属するコンビニチェーン「セブン・イレブン」

さんのお弁当の監修です。

イトーヨーカドーさんでの魯珈フェア、カレーフェアがきっかけでいただいたお話ですが、正直なところ、「ついに、この時が！」と震えました。セブンさんとのコラボは、監修系のお仕事における最後の砦、最高峰——ゆえに憧れの存在でした。これまで、カレーに限らず、さまざまな名店とコラボしてきた歴史があり、そこに魯珈の名前を連ねられるのはたいへんな名誉です。これは、本気の本気を出さねばならない、と覚悟を決めました。いや、ずっと100％本気で取り組んできたのですが、もはや120％くらい出さないと太刀打ちできないのでは、という気持ちだったのです。

先方からのオファーは、魯珈の看板商品、すなわち魯珈チキンカレーと魯肉飯のあいがけ「ろかプレート」の完全再現です。これまで、イトーヨーカドーさんのカレーフェアでも、「イーザップスパイシーカレーと魯肉飯の合いがけ—ろかプレート風—」（2022年）というコラボ商品を出していたので、あいがけはすでに経験済みではあったものの、こちらは冷凍食品ということもあり、近いテイストではあっても「完璧な再現」を狙ったものではありませんでした。ゆえに、商品名も「ろかプレート〝風〟」とエクスキューズ付きです。しかし、今回はもうド直球に「ろかプレート」という、そのものズバリの商品名で勝負です。少し前から、カレーパンやラーメン、オリジナルのお弁当といった、正解がないがゆえに楽しく遊べる監修仕事が多くなっていたので、久しぶりにガチなのが来たぞ、と背筋が伸びる思いでした。

セブンさんとのコラボという、料理人にとっては花形といってもいい仕事を任された以上、中途半端に終わらせたら絶対に後悔する。今の自分のすべてを注ぎ込む勢いで取り組むべきだろう、と超やる気に満ち溢れていた私でしたが、カレーと魯肉飯のみならず、副菜や盛り付けの仕方まで再現する、という試みは初だったので、さすがにプレッシャーの大きさも並大抵のものではありませんでした。これで失敗したら、それこそ魯珈のカレーを貶めることになってしまいます。「風」という言葉で濁さず、「ろかプレート」という名前を冠することによって、言い訳が一切できないところに身を置いてしまったわけです。怖かったですね。

ここまで本気で取り組むことができたのには、コンビニ弁当の保存が「チルド（冷蔵）」であることも大きく関わっていました。

同じ再現系のお仕事でも、レトルトカレーはパウチに密封するという工程があるため、「可能な限り近づける」ことはできても、お店でお出ししているカレーそのものに肉薄するところまでいくのは物理的に困難です。冷凍食品の場合も、「冷凍→解凍」時に生じる変化があるため、やはりお店の味そのまま、というわけにはいきません。ですが、コンビニ弁当は、温め直しこそあれど、パウチ食や冷凍食に比べれば加熱の程度は低いので、作ってから人の口に入るまでの変化は最小限に抑えられます。これは、スパイスカレーにおける重要な要素である「スパイスの香り」「野菜のフレッシュさ」を限りなく損なわずにすむ、という利点にもつながります。そういう意味では、コンビニ弁当は、スパイスの香りを強調した料理との相性が非常に良く、この方向性の追求にはさまざまな可能性を感じてやみません。

「魯珈監修 ろかプレート」開発秘話

こうして2022年に無事完成した初代「魯珈監修 ろかプレート」は、セブンさんのお弁当製造スキルの高さもあり、お客さまの反応も上々。以来、セブンさんで開催されるカレーフェアには毎回お声掛けいただいているので、これは、きちんと結果を残すことができたことの証左に違いありません。私も、魯珈の看板に泥を塗らずにすみ、ほっと胸を撫で下ろしました。

このお弁当版「ろかプレート」は、カレーをブラッシュアップさせたり、盛り付けのコンセプトを変えたりしながら、発売毎に進化を続けています。回を重ねるごとに、「魯珈」と「ろかプレート」の名前を知ってくださる方が増えてきているのを実感しています。やはり全国展開で、老若男女さまざまなお客さまが日々利用するセブンさんとのコラボは、そのインパクトもかなりのものでした。ありがたいことに、お弁当を食べて美味しかったのでお店の方にも食べにきてみた、とおっしゃってくださるお客さまも多々。

ただの宣伝ではなく、実際に「食べる」という体験を伴う形でお店の存在を周知させることができるのが、コラボ企画の魅力です。私はこのお仕事に大きなやりがいを感じていますし、まだまだ、もっともっとやってみたいアイデアが頭の中にあります。やればやるほど、また「次」に繋がっていく今の状況を、一料理人として、一カレー好きとして心底楽しんでいます。

　セブンさんとの最初のコラボでは、商品開発のスピード感・量感が桁違いで、ただただ圧倒されてしまっていたのをよく覚えています。これは、常に新商品をリリースし続けなければならない「コンビニ」という業態特有のサイクルゆえ、でしょう。例えば、ある商談の席で「こんなのはどうでしょう?」とご提案をいただいたと思ったら、次の時にはそれはすっかり過去の話になっていて、またぜんぜん違う、しかし魅力的な案が用意されているのです。こっちは「あれ? あの話は?」状態です。またある時は、「今日はろかプレートの打ち合わせかな」と思っていたら、「今日はパンもあるんです」「他にも麺が」と、それぞれの担当部署の方がいらっしゃって、打ち合わせ場所となっていた魯珈の店内が人でパンパンになってしまったことも。この過剰な感じは、それまでのコラボにはなかったもので、慣れるまでは頭の回転が追いつかず、あっぷあっぷ状態でした。

セブンろかプレート

　こうしたアイデア千本ノック状態の果てに生まれたのが、初コラボ時に、ろかプレート弁当と共に売り出した監修商品5種です。「ルーロー麺」「炭火焼きチキンティッカ」「スパイシーカレー魯肉飯おむすび」「カティロールスパイシーチキン」――いずれも、これまでお店でも、コラボでも作ったことのない商品ばかりです。他にも、実現はしませんでしたが、ドリアやスープなど、さまざまな案が上がっては消えていきました。

さらにすごいのは、その勢いとクオリティが相反しないことです。特に驚かされたのは、ろかプレートの魯肉飯です。商品開発能力が凄まじく高く、最初に持ってきていただいた試食の段階で「もう、ほとんど完成してるじゃないですか！」というくらい、かなり完コピに近いレベルだったのでびっくりしてしまいました。試食の数も凄まじいものがあり、いったい何食食べたことやら？なのですが、いずれもかなりのクオリティで舌を巻いたものです。

スパイスカレーブームと〝クラフト〟ブーム

さまざまなコラボをこなしてきた魯珈ですが、我ながら面白いバランス感覚でやっているな、と感じています。

魯珈は大久保という街の路地裏にある、小さな個人店です。それが、セブンさんのような大手と一緒にコラボ商品を出しているのは、規模的にアンバランスに思われるかもしれません。あるいは、2023年の8月には、全国に230店舗以上展開する国内最大規模のラーメンチェーン「らあめん花月嵐」さんと異業種コラボしたのも記憶に新しいことと思います。魯珈は、言ってしまえば、店の規模からするとあまりに大きな、不釣り合いとも言えるような大手企業とコラボを繰り返すことで、知名度を高めていったようなところがあります。こうしたことが可能になっている背景には、何度も申し上げているように、まず近年のスパイスカレーブームが追い風になっている、ということがあるでしょう。

そして、さらに面白いのが、スパイスカレー店の中で、それこそらあめん花月嵐さん規模の企業があるかといえば、もちろんNOだということです。第3章でお話ししたように、スパイスカレーというのは、原則として個人店規模だからこそ、そのスピリッツが輝く。それで思い出していただきたいのが、近年の「クラフト」ブームです。最初はクラフトビールという、小規模な醸造所が作る多彩かつ個性的なビールの人気によって広がった言葉ですが、今では、クラフトジン、クラフトコーラ、クラフトコーヒー、クラフトチョコレートなどなど、さまざまなジャンルに波及しています。こうしたクラフトマンシップへの関心の広がりと、スパイスカレーブームは、その内実的に間違いなく呼応しているはずです。そして、「大手ビール会社が作るクラフトビール」という、ともすると語義矛盾していそうな商品が生まれていることと、大手企業が魯珈のような、それこそクラフトカレー的なスタンスの店に関心を示していることには、理屈の上で通底するものがあるように思えるのです。

今は、大手企業であっても安泰とは言えない時代です。自社製品や新商品を出してもなかなか思うように売れないという時に、コラボという形は注目を集める手段になりますし、その相手が独創性の高い個人店であるほど、強烈な個性や特徴を打ち出すことが可能になるはずです。こうした動きを「搾取」的に見ることも可能かもしれませんが、私はむしろ、それを面白く感じていますし、実際とても楽しみながら踊らせていただいています。

コラボは〝未来の〟お客さまを作る

私が、コラボ企画に対してポジティブな理由は、個人店単体ではとてもアプローチできない規模のお客さまと接点を持てる、ということにあると思います。

魯珈は、カウンター6席の小さな店で、しかも記帳制というシステムゆえに、1日に入れるお客さまの数には限界があります。さらに、食べてみたくても、遠方にお住まいでなかなか叶わない、というお客さまもいらっしゃるでしょう。そういう方たちに魯珈の味を知ってもらう機会として、コラボ商品が機能していることは間違いありません。例えば、よくSNSで「冷凍カレーを通販で売ってくれませんか」という要望をいただくことがあるのですが、現状ではワンオペ営業ゆえに手が回らないので、よければぜひレトルトを召し上がってみてください、とご返答させていただいてます。あるいは最近、北海道や沖縄といった遠方からいらっしゃるお客さまが少なくありません。お話を伺うと、皆さん「セブンのお弁当は何度も食べているんですけど」「コラボ商品で魯珈さんのことを知って、ずっとお店にも来たかったんです」とおっしゃる方が非常に多いことに気づきました。未来のお客さまへのアプローチとして、コラボ商品が果たしているものの大きさを実感します。

つまりコラボは、企業さんにとってはユニークな商品を開発する機会・手段となり、魯珈にとっては、私1人の力では到底実現できなかったことを、企業さんが手を貸してくださることで現実のものとする機会・手段となっているわけです。まさにWin-Winの関係であると言えるでしょう。

そして何より、たくさんのコラボを経験させていただいたことによって、私自身が成長させてもらっている、という意識がすごく強いです。コラボして新しい商品に取り組むたびに、「こんなアプローチもあるのか！」「もっと自由にしていいんだ」と、自分の固定概念がどんどん壊れていくのを感じます。普段1人でコツコツとやっていると、どうしても人の意見や考えに触れる機会が少なくなってしまいます。だからこそ、商談の場や試食会で大勢の意見に触れたり、自分のアイデアを徹底的に揉まれる経験は非常に刺激的でした。また、商品の開発に関わる方たちの声は、本当に貴重です。自分では絶対に思いつかなかったような発想が、制作現場ではバンバン飛び交います。今度、限定カレーでそのアプローチを試してみようかな、などと、自分の作るカレーに生きてきたアイデアもたくさんあります。私は「1人で働く」ことにこだわっていますが、そうした働き方では得られない大切なものを、コラボを通して学ばせていただいています。

これまでたくさんのコラボを経験してきた中で、自分は本当に鍛えられたなと思います。以前なら尻込みしてしまっていたような依頼も、今なら堂々と打ち返せる自信がありますし、もはやカレーに関する案件に怖いものなし！　という心境に到達しつつあります。もちろん、中には商品化に至らなかったものや、ご期待に応えられなかったものもあります。でも、そうした経験すらも、何らかの形で、これからの未来へと繋がっていくに違いないと信じています。

COLUMN 4

コラム4 インドで学んだこと

カレーといえば、インド。インドといえば、カレー。でも、インドに行かなくても、カレーは作れます。

今の日本には、カレーのお店が溢れていますし、レシピも大量に出回っています。カレーを作るためにはインドに行くことがマスト、とは必ずしも言えない状況になって久しい。そもそも、日本のカレーは独自の進化を遂げ過ぎていて、もはやオリジナルとはまるで別物へと変異してしまっている、と言っても過言ではありません。かくいう私のお店「魯珈」も、店主の修行先こそ南インドカレーのお店でしたが、魯肉飯が一緒にのっているわ、インド人に顔をしかめられそうな変わり種カレーのオンパレードだわと、独自の道をひた走って早8年目に突入です。

そんな私も、インド未経験のままカレー屋を始めた人間の1人です。もちろん、いつか行ってみたい、という想いはありました。なんせ、私が心から愛しているカレーの発祥の地なわけですから。でも、インドは遠い。そして、エリックサウスでの修行時代には忙しくて長期の休みを取って旅行に行くなど叶わぬ夢でしたし、やめてからも、約1ヶ月という超短い準備期間で魯珈を開店させてしまい、再び仕事に忙殺される日々に突入。機会を逸したまま、心の片隅に、その「いつか……」は燻り続けていたのでした。

2019年の12月、開店2年目の冬、そんな私にインドへ行く機会が巡ってきました。「情熱大陸」という密着系ドキュメンタリー番組の取材中に、プロデューサーさんから「齋藤さんって、インド行ったことありますか？」と聞かれたので、「ないんですよ。でも、すごく行ってみたくて」と答えたところ、まさかの「じゃあ、番組で行きませんか？」とのお誘いが！

もちろん、番組の事情からだったのかもしれませんが、こんなチャンスを逃す手はありません。「絶対行きます！」と即答していました。

急遽お店をお休みにして、プロデューサーさん、ディレクターさん、カメラマンさんと4人でインドへと飛びました。番組の方たちからは、「齋藤さんの行きたいところに行ってください」と言われていたので、自分でも調べつつ、カレー界隈のインドに詳しい方におすすめをリサーチするなどして、行き先をピックアップしていました。

とはいえ、インドは広いです。エリアによって、カレーのタイプも、カルチャーもかなり異なります。与えられた期間は1週間だったので、そんなにいろいろなところを回ることはできません。時間をできるだけ無駄にせず、たくさん回りたかったので、空港から行きやすい北インドのデリーという都市の周辺に目的地を絞りました。本当は、南インドカレー店で働いていたわけですし、南側にも回ってみたかったのですが、日程的に難しく断念しました。

でも、デリーにしたことで、自分が慣れ親しんできたものとはまた違った傾向のカレーをたくさん食べることができて、むしろ良かったなと思っています。例えば、そのエリアでは、他では珍しい水牛を食す文化があり、カレーに入っているのはもちろんのこと、そこら中で水牛の頭や脚がゴロンと売られていてカルチャーショックを受けました。

自分的にすごくびっくりしたのは、私は肉好きなので、当然肉のカレーが大好物なのですが、その旅行中に食べて一番美味しかったのが野菜のカレーだったことです。日本にいたら、まずあり得ないことなので、そんなところにも「インド、すげえ」と感動していました。

そのカレーは、たまたま街を歩いてる時に見つけた屋台で売っていたものです。しかも、きれいとはお世辞にも言えないような、なんなら絶対営業許可とか取ってないでしょ？　みたいな作りで、薄汚れた水の中からアルミの食器を出してきて、そこにご飯をバサッ、カレーをビシャッと雑に盛り付けて「さあ、どうぞ」、というういかにもヤバそうな料理なのです。でも、これがバツグンに美味しかった。インドは、宗教的な理由から菜食メニューが充実していますが、やはり食べる人が多いだけあって、野菜を美味しく食べる技術がすごく発達しているのだな、ということを身をもって体験させてもらいました。ちなみに、私が「美味しいですよ！騙されたと思って」とどんなに勧めても、同行していたスタッフの方たちは、怖がって誰１人口にしませんでしたね。でも、恐ろしいことに、一番変なものを食べていた私だけが唯一お腹を壊さずに旅程を終え、他のみんなは全員腹痛でしんどい思いをしていたという……。やっぱり、私はカレーに選ばれた人間なのかも？

そんな冗談はともかく、インドのカレーです。現地で食べて、もう一つショックだったのは、インドはカレーの本場だから日本で食べるよりずっとスパイシーだろうと思い込んでいたら、逆に使うスパイスは3、4種類と非常に少なく、効かせ方も控えめだったことです。味付けもシンプルで優しいものが多かった。こんなに素朴なのに、なぜこんなにも美味しいのか？　日本ではまずお目にかかれないカレーが、そこにはありました。

もちろん、旅先で、しかも憧れのインドで食べていることの高揚感が、味を増幅させている面もあったかもしれません。そしてそのことは、同時にカレーという食べ物のある特性を浮き彫りにしているようにも思えました。すなわち、「その土地土地に合ったカレーがある」ということです。あの私を感激させた野菜カレーを日本で再現しても、おそらく物足りなさを感じてしまったのではないでしょうか。やはり食べ物は、その土地の水や土や空気でできているので、人は自然と「今・ここ」にチューニングされた味に「美味しさ」を感じるものなのかもしれません。

このインド旅行は、私のカレーへのアプローチにも大きな影響を与えました。端的にいえば、「引き算」という手法を学んだ、ということです。

以前の私のカレーは、とにかくスパイスを強めに、強めに、とするのが常でした。言うなれば、4番打者ばかりの野球チーム状態というか、すべてのスパイスが同じくらい主張をしていて、ちょっとバランスを欠いていた。たぶん、過度なスパイス好きゆえに、もっともっととやっているうちに、さらに耐性ができて、知らず知らずのうちにスパイス過多状態に陥っていたのでしょう。インドから帰ってからは、どれか1つのスパイスを主役に立てて、他は引き立て役に回すとか、いっそのことスパイスの種類を1つ少なくしてしまう、といった作り方をするようになり、カレーの味によりまとまりを出すことができるようになった気がします。

あるいは、インド以前の私は、限定カレーを作る時は、3、4種類は具材を入れないと安心できませんでした。また、スペアリブどーん！　大ぶりな牡蠣どーん！　と食材の華やかさに頼り過ぎていたきらいも。「限定」と銘打ってスペシャル感を出しているわけだし、ちょっとは派手にしないとお客さまにご納得いただけないのではないか、そんなふうに思っていたのでしょう。まだ店を始めて日も浅かったので、自分に自信がなかったのかもしれません。あるいは、ちょっと気負いすぎていたのかも。

でも、今はもう、地味な食材だけで作った派手さ皆無のカレーでも、「これが魯珈の味です！」と胸を張って言うことができます。要は、美味しければいいのです。それだけ自分に自信が持てるようになってきたということで、我ながら逞しく成長しているなあと、頼もしく思います。そのきっかけをくれたインドに感謝ですね。

第8章
お店を始めたい人に伝えたいこと

一生を捧げることができる?

いよいよ最終章です。

ここまでお付き合いくださった読者の皆さま、ありがとうございました。締めくくりに、これから独立しようと考えていらっしゃる方々に向けて、私の経験を交えつつ、「自分の店を持つ」というのはどういうことなのか——シビアな側面はもちろんのこと、やりがい、必要な心構え、「これをやっておくといいよ」というおすすめの事前準備などなど、今私がお話しできることのすべてを、ここに開陳してみようと思います。便宜上、「カレー店」を前提とした話になりますが、さまざまな点において、他ジャンルの飲食店に置き換えても通用する内容であると自負しています。皆さまよりちょっとだけ早くこの世界に足を踏み出した者の話ではありますが、ささやかなアドバイスとして受け止めてもらえたら幸いです。もちろん、その過程で、私が日々大事に思っていることも明らかになっていくはずです。そういう意味では、魯珈という店を駆動している「思想」を知っていただく章、と言い換えてもいいのかもしれません。

さて、まずは最初に、あえて一番楽しくない、わくわくした気持ちに水を差すような話をしたいと思います。

ここまで、この本を読まれてきた読者の方たちはすでにお気づきと思いますが、飲食店はものすごくハードワークです。メディアに紹介されているものを目にする限り、華やかな世界に見えるかもしれませんが、そんなのはごくごくごくごくごく一部です。正味な話、8割方が地味だったり楽しくない仕事だと思って間違いありません。

とはいえ、そんな舞台裏はお客さまには関係ありません。素敵なお店で、心地よい接客とともに美味しいお料理を召し上がっていただきたいので、むしろそうした辛くてしんどい側面は絶対に表に出したくありません。取材を受けて、テレビやYouTubeなどに映像という形で登場する時も、そこにあるのは「いい感じ」で、「見せても問題のない」、むしろ「見てもらいたい」シーンだけです。でも実際には、その裏で、汗や油や埃にまみれて必死に掃除をしたりしている私がいて、時間的比重を考えるなら、むしろそっちこそが本体と言えるでしょう。もう、延々と雑用をやらされている召使い状態です。これを見たら、誰も「憧れる」なんて言葉は口にしないはずです。

つまり飲食店は、内側から見るか、外側から見るかで、受ける印象が180度違う世界なのです。そして、繰り返しになりますが、一般的に皆さんが目にされているのは、表向きの、華やかな世界だけなのです。ゆえに、憧れを抱いて足を踏み入れたものの「思っていたのと違った……」となることも珍しくありません。イメージと現実のギャップの大きさから、心折れて夢半ばで去っていってしまう人がここまで多い業界も、他になかなかないのではないでしょうか。

やっぱり憧れだけでは難しいのです。

私は、迷いなく「自分はカレーに人生を捧げています」と断言できます。飲食の分野で独立を夢見ている読者の皆さまには、料理を仕事にすることは、お店を持つことは、自分が本当にやりたいことなのか？　その仕事に一生を捧げることができるのか？　そのことを、まずは今一度自分の心に問うてみてほしいのです。その上で、「もちろん！」と答えられるのであれば、あなたはすでに大きな一歩を踏み出しています。逆に、そのくらいの気持ちで臨まないと、何か辛いことがあった時に挫折して、すぐやめることになると思います。

「間借り営業」という選択

飲食店が、かなりの覚悟をもって臨まなければならない職であることは、今申し上げた通りですが、近年、少しだけマイルドな参入の仕方も知られるようになってきました。カレーというジャンルにおいては、すでにポピュラーになりつつある「間借り営業」というスタイルです。

間借りは、お店の営業していない時間だけ、第三者がその場所を借りて別のお店をやる、というスタイルのことです。もちろん、借りる側は、お店の持ち主にその分の賃料や光熱費等を支払います。メリットとしては、すでにキッチンまわりなどの設備や食器などの備品も揃っていて、なおかつ賃貸に関する契約金なども不要なので、初期費用が圧倒的に抑えられることです。デメリットもあります。自分の店ではない以上、もしそこで商売が上手くいっていたとしても、貸主の都合で「出ていってほしい」と言われたら、それは素直に従うしかありません。

私が独立を計画していた2010年代頃は、間借りという形態は、今ほど一般的ではありませんでした。しかし、大阪のスパイスカレー界隈などでは、すでにぽつぽつと人気の間借り店も出始めていたので、やはり近年のカレーにおける流行は大阪発であることが本当に多いのだなと、あらためて感嘆しきりです。今では、平日は普通にサラリーマンをされている腕自慢の方が、週末だけ間借りしてカレー屋をやったりと、その〝プチ独立〟の敷居がかなり低くなっていることを実感します。これも、「趣味はカレー」という層が大きく膨らんだ結果であることは間違いなく、現在のカレー人気を裏付ける現象の一つだと思います。

間借りカレー店の大きな利点の一つに、実際に自分の店を持つ前に腕試しができる、ということがあるでしょう。そこで自分の作るカレーを世に問うてみて、「いける！」と確証を得てから店を持つという、いわば「お試し期間」としての側面があります。もし、そうした流れを想定している場合、気になるのは「いつ間借りを卒業するのか」というタイミングの問題ではないでしょうか。

個人的には、そのタイミングは「お客さま」を見ることで計れるように思います。一番分かりやすいのが、「満席状態がどのくらい続いているか」と「ウェイティング（行列）の有無」というバロメーターです。

間借り店で、最初から「行列が絶えない」という状態を作り出すのは至難の技でしょう（もちろん、有名店の主人が店を閉め、次の店を出すまでの〝繋ぎ〟としてやる間借り店などであれば、その限りではありません）。でも、作るカレーが美味しく、そこでしか食べられない独創性を持っていれば、遅かれ早かれ口コミで噂が広がり、人が集まってくるはずです。「最近、満席になることが増えてきたな」とか、「2、3人はずっとウェイティングがかかるようになってきたな」という手応えがあれば、それは実店舗を持ってもよいと判断してもよい頃合い、ということではないでしょうか。

サラリーマンなど、働いている方たちのお昼ご飯には、「時間」という制限があります。つまり、1時間程度の昼休憩内に食べ終えて、また仕事場に戻らなければならない。ゆえに、仕事中に行列店に並ぶことはなかなか難しいでしょう。となると、並んでいる人というのは、ほぼ間違いなく「その店の料理をどうしても食べたい人」ということになります。つまり、ファンがついた、ということの表れと考えていい。これが一時的なものではなく、ある程度継続性のあるものだと確認できれば、それは「実店舗を出しても成立する段階に来た」と考えても問題ないのではないでしょうか。

「人の命を預かっている」ということ

間借りカレー店の中には、現在のカレーブームを牽引するような、才能あふれる存在も多数。私も、日々「こんなカレーが！」と刺激を受けまくっている一人です。ただ、その数が増え、カジュアル化したことで浮上してきた、間借り営業ならではの問題点もあります。その筆頭が、衛生管理への意識の甘さでしょう。私自身も、間借りのカレー屋さんに食べに行って、「あ、それ常温で放置しちゃうんだ……」といった具合に、食べるにあたって大いに不安を感じたことが何度もあります。他にも、ものによっては「●度で●分以上」とルールに従って加熱しないと、保持する菌によって食中毒を引き起こす可能性のある食材もあります。こうしたリスクを徹底して取り除くのが、プロの料理人の仕事です。でも、そんな飲食店をやっている側からすれば「当たり前」なことが、きちんとクリアされていない間借り店を目の当たりにすることも少なくありません。

　なぜそうした状況が生まれているのといえば、それは端的に言って、危険を察知するための知識がないからです。しかし、何かが起こってしまった時に、「知らなかった」では済まされません。飲食を提供するということは、お客さまの命をお預かりしていることと同義です。このことを、まず最初に強く強く意識することを絶対に忘れないでください。

　店の持ち主が見ず知らずの人にいきなり自分の店を使わせることはイメージしづらいので、間借り営業は、やはり友人知人の関係性から始まることが多いでしょう。もちろん、その「間借りを許可する側」と「間借りする側」との間には、ある程度の信頼関係はあると思います。でも、そのことと「安全を管理できるのか」ということは、きちんと分けて考えた方がいいでしょう。繰り返しますが、人の命がかかっているからです。「たぶん大丈夫」は、ぜんぜん「大丈夫」ではありませんので。

少し前に、海鮮系のお弁当屋さんが500人以上の食中毒を出してしまったニュースがありました。その道のプロですら、こうした問題を起こしてしまう可能性があるのですから、いわんや素人をや、ということも言えるでしょう。それに、もし今、間借りカレー店でこうした食中毒事件が起こってしまったら、一気に世の中から叩かれる流れになることは明白です。「間借りカレーは怖い」というイメージが生まれ、お客が激減することは必至。結果的に、せっかく盛り上がってきているカレーというカルチャー自体も、その悪影響を免れることは不可能でしょう。一カレー好きとして、それは寂しいことですし、絶対に避けたいところです。

こうしたリスクを回避するために、私はもっともオーソドックスな方法をおすすめします。それは、調理師免許を取る、ということです。

調理師免許は、厚生労働大臣が指定する調理師専門学校や、調理科などのクラスがある学校で学べば、卒業後、調理師試験を受けずとも取得することができます。あるいは、飲食店で2年以上調理の実務経験を積んだ上で、各都道府県が実施する調理師試験を受けて取得する方法もあります。なお、実務経験の証明には、勤務施設の経営者に作成してもらった「調理業務従事証明書」を提出する必要があり、この実務経験はあくまで「調理」の経験であり、接客に関する仕事では認められないことには注意してください。

もちろん、間借り営業には、厳密に言えば調理師免許は必須ではありません。でも、もしあなたが今後、飲食という仕事に関わり続けていくつもりなのであれば、私は絶対に持っておいて損のない資格だと断言します。取得にあたり、食の安全に関する基本的な知識はすべて学べるので、リスクヘッジという意味においても、今後あなたを助けてくれる大事なお守りとなるはずです。

ちなみに私の場合は、エリックサウス在籍中に、出勤時間や休憩時間を利用して、参考書と問題集で勉強して取得しました。2年間専門学校に通うのもなかなか大変なので、実務経験を積みつつ勉強をするという人も多いですし、実際理にかなっていると思います（実務経験の大事さは、また後述します）。

さらに言えば、間借り営業をする上での、何らかのガイドラインができたらいいなと個人的には思っています。調理師免許を持っているのが一番ですが、それがなくとも、調理経験が2年以上あること、衛生管理に関する何らかの資格保持者であること等の条件を設けることで、安全に対する意識はぐっと高くなるはずです。その上で、必ず一度は申請するというようなルールを設ければ、間借りをする人たちの意識も高くなるでしょうし、間違いなくプロとしての自覚も芽生えるはずです。

もしかしたら、制度化することを窮屈に感じる人もいるかもしれません。「ずっとやるわけじゃないし」とか、「あくまで趣味ですから」みたいなスタンスの方もいらっしゃるでしょう。でも、そんなふうに軽い気持ちでやっていて、もし万が一大きな問題が起こってしまったら……。そうしたことを考えるにつけ、やはりやるからには、最低限プロ意識はしっかり持ってほしい、と思うのです。「間借り」であることを言い訳にしないお店をやってほしい、ということです。それは、今後の間借りカレーの発展にも繋がるでしょうし、ひいては、「カレー」というカルチャー自体を底上げするためにもなると信じています。

「独立前に経験」をすすめるワケ

私が日々感謝していることの一つに、「独立前にちゃんと修行しておいてよかった」ということがあります。つまり、飲食店経験があって幸いした、ということですね。間借りカレー店を始められる方の中には、趣味でやっていた延長で、あるいは脱サラしてなど、つまりいきなりお店に立つことになるケースも少なくないと思います。でも、これはけっこう大変なことでもあります。

飲食店の厨房に立った経験があると、調理における基礎が自然と身に付くので、例えば環境が変わっても、その時の経験を応用することができます。しかし、ぶっつけ本番でいきなり店に立ってしまうと、経験することのすべてが「初めて」になります。その都度、「これはどうしよう?」と、打開策を考えながら対処することになるので、何をやるにも時間がかかってしまいます。以前、修行ナシでカレー屋さんを始められた方に相談されたことがあるのですが、仕込みの段取りを筆頭に、「家でできていたから」と安心していたら、店ではまったく勝手が異なり、効率は悪いわやっても延々終わらないわで、毎日帰りが夜中になってしまっていたとか。

まず、同じカレーでも、作る分量が変わっただけで急に味が決まらなくなる、というのは「あるある」です。これは料理の不思議であり、面白いところでもあるのですが、量が倍になったからといって材料を倍量にしても同じ味にはならないのです。また、当然のことながら、分量が増えれば材料を切る時間も、炒め時間もその分長くなります。つまり、家で作るのと、お店で大勢のお客さまを相手にするのとでは、根本的に別な行為であると考えてしまっていいでしょう。

また、基本的に、想像しているより大変、ということもあります。カレー屋さんなどは特に、作り置きをよそって出すだけでしょ、簡単じゃん、と思われる向きもあるかもしれません。食べに行ったお店の店主もさっささと手際よくやっているし、自分でもできそうだ、と思うのも無理はないと思います。でも、見るのと、実際にやってみるのとでは大きく違うものなのです。だから、厨房の中に一歩入った途端、もうてんてこ舞いになってしまう。「美味しいカレーを作れる＝どうにかなりそう」と思いがちですが、むしろ、なまじっか美味しいカレーを作れる人こそ危ない気がします。まわりから「絶対お店やった方がいいよ」と言われて自信を得て、いざ始めてみたら「ひぃ～、ぜんぜん思ってたのと違う！」となる。せっかく腕はあるのに、経験がないばかりに自信を喪失してしまい、夢半ばで脱落してしまったら悲しいですからね。つまり、「美味しいお料理を、普通に美味しく召し上がっていただく」という飲食店にとって当たり前のことを実現するのは、実はとてもすごいことなのです。

幸い、私にはエリックサウスでの経験があったので、こうしたギャップに混乱することはありませんでしたが、ちょっとだけ似た状況に陥ってしまったことがあります。それは、初めてのレシピ本『魯珈のスパイスカレー本』を出版した時のことです。本の性質上、ご家庭で作ることを前提としたレシピになるわけですが、普段は4、50人前を一気に作るのを得意としている私は、むしろ4人前のような少人数分を作った経験がほとんどありませんでした。ゆえに、写真撮影用にカレーを作っていても、いつもより食材に火が入るスピードが早かったりして、「あれ？　あれれれ？」の連続でした。いわば、先の例の逆バージョンといったところでしょうか。

つまるところ、何事も経験が大事、ということです。独立して自分の店を持ちたい人も、間借りカレー店を始めたい人も、何はさておき、一度自分がやりたいジャンルのレストランで働いてみることをおすすめします。場合によっては、将来独立を考えていること、その勉強にアルバイトでいいから働かせてほしいことなどを正直に伝えてみるのもいいかもしれません。とりあえず、ぶっつけ本番だけは避けた方がいい、というのは、実際に飲食店を経験してから独立した私からの、ある意味、もっともお伝えしたい実用的なポイントの一つです。前述のように、調理師免許を取得する上でも役に立ちますしね。

さらに言えば、働き先は、オペレーションが確立されているカレー屋さん、つまり、そうでないと回していけない繁盛店を選ぶのがよいと思います。私にとってのエリックサウスがまさにそういう店だったわけですが、ものすごく忙しいので、調理のオペレーションから、お客さまの席へのご案内、オーダーのタイミング、さらには備品の置き場所まで、すべてが考え抜かれ、もっともスマートに客席を回せるようにシステムが構築されているのです。最初は「神業！」「こんなの無理！」と思っても、その中で揉まれていると、徐々に自分もできるようになるものです。そして、逆に言えば、一度知ってしまえばこっちのものです。その経験は身体にインプットされ、血肉化し、多少状況が変われど応用して適応が可能になるでしょう。また、忙しい環境が当たり前になれば、「もう、何が来ても大丈夫！」という自信にも繋がりますしね。あとは、自分の店を始める際には、勤めたお店の真似をしつつフィールドを作っていけばＯＫですし、もちろん異なる点は自分仕様にアレンジしていけばいいのです。

「経験」がもたらすもの

実際に、私が体験した「飲食店で働いておいて良かった！」話をいくつかご紹介します。

まずは単純に、細かい違いはあれど、ざっくりとこれまでずっとやってきた「慣れていること」を再現すればいい、ということもあり、開店時から精神的にかなり楽だったことを覚えています。

例えば、食材の注文。これは、いきなり独立してしまった方には、発注量を見定めるのは至難の技だと思います。仕方がないので、慣れないうちは「足りないよりは」と多めに取ることで対応することになると思いますが、これはフードロスの発生を意味します。飲食店の経費は、食材費が占める割合が大きいので、この見極めができないと、じわじわと経営を圧迫する要因にもなるでしょう。でも、これもある程度の経験があれば、体感的に必要な量は把握可能です。実際、私は修行時代の経験があったので、ずっとロス0でやれています。エリックサウスに比べて店舗の規模が小さいので、より管理しやすいということもあります。もっとも、ちょっとした多寡の差は、応用も利くのでそれほど気にすることはありません。一度しっかり経験をすれば、「このくらいの席数で、この回転数なら、この食材はこれくらいかな」といった〝読み〟は自然に身に付くものですから。

では、魯珈における限定カレーのような、固定ではないメニューに対してはどうでしょうか。不確定要素もあることから、発注量も判断がつきにくくなるのでは？　と思われるのもごもっともですが、これも慣れてしまえば問題ありません。長年限定を続けてきたことで、オーダーの偏り、人気の傾向、食材ごとの引きの強さなどは、ある程度把握できています。もちろん、魯珈のメニュー数がある程度絞られていることも、予想のつきやすさを左右している要因ではあると思います。

あるいは、経験をもとにした、カレーを作る上でのだいたいの原価率も頭に入っています。例えば、肉や魚といったメイン食材を、こういう切り方をすれば単品のカレーなら3切れ、小さいサイズのぷちカレーなら1切れ入れられて、価格に対して原価率をクリアできる——といった計算が瞬時にできる。もしエリックサウスに勤めていなかったら、まずこんな芸当は不可能だったはずです（あるいは、習得するまでに大量のフードロスを生んでいたはず）。

また、料理以外のところでも、役に立っていることはあります。

例えば、事務手続き関係。飲食店を出すとなると、保健所に届けを出したり、店で使う固定電話を契約したりと、煩雑な事務手続きをたくさんしなければなりません。これも、一つひとつ調べながら「あ、これもやらなきゃ」「こんなのもあるのか！」などとやっていては、延々と時間ばかりが過ぎ去っていき、埒があきません。しかも、「これで終わった！」と思っても、だいたい何かしら見落としがあるもので、開店ギリギリになって慌てふためいた、なんて体験談もよく耳にします。最悪の場合、予定していたオープン日に間に合わなかった、なんて事態に陥ることも。

私の場合は、主に料理を担当してきたものの、エリックカレー時代にキッチンワゴン店を出した時や、エリックサウス時代にデパ地下でテイクアウトのビリヤニ専門店を出した時などに、必要な申請事は一通り経験させていただいていました。「立ち上げの時にやるべきこと」が全部頭に入っていたからこそ、約1ヶ月間という極めて短い準備期間で魯珈をスタートさせる計画を立て、実際に実現させることができたわけです。もし、そうでなかったら、あんな短期間で店を始める自信もなければ、開店も半年くらい後ろにズレこんでいたに違いありません。

経験は、あればあるほど、あなたを助けてくれます。そういう意味では、私だって「十分」には程遠かったはずです。実際、これだけ経験に助けられたと自負している私でさえも、読みが外れてしまったことがありました。例えば、独立開業した初週、コップやスプーンといった備品がまったく足りず、最初の定休日に急ぎ買いに走ったのをよく覚えています。理由は、それまで6人体制で店を回していたところから、急にワンオペになったことで、洗い物が追いつかなかったからです。「7年間の経験があって、こんなかよ！」と、情けなくてもう自分で笑ってしまいました。

「まずは小さく始める」のススメ

新たに店を出すとなれば、「どこに、どのくらいの規模感で出すか」ということを決めるのも、経営者の大事な仕事です。言うまでもなく、売り上げにも、店を維持するのに必要な固定費にも関わってくるので、まさに明暗を分けるかもしれない大事なポイントです。

私は、最初から大久保で開店することに関して、何の疑問も抱いていませんでした。それは、日々新鮮なスパイスを調達したいから、という極端なこだわりからなので、やや普遍性には欠けるかもしれません。ですが、規模感という意味では、参考になる点が多いのではないでしょうか。私のようにワンオペにこだわるか否かは別にしても、リスクを避け、個人が安心して臨めるという意味では、「まずは小さく始める」ということをおすすめしたいです。

具体的には、坪数は少なめで、できるなら居抜きで使える物件だとベター。最初から気張って店を作り込むと、それだけでけっこうな金額になってしまいますし、現実的な話として、必ず繁盛するとは限りません。すごくお金をかけて内装をやったのに、ぜんぜん流行らず店を畳まなければならなくなった時に、そのダメージはかなり大きなものになるでしょう。飲食業が怖くなってしまったり、反省を生かしてまた新たに店を、なんて気力ももう湧かないかもしれません。

私の場合は、そもそも貯金がまったくなく、親に借金をして（ちゃんと返済しました）開店しなければならなかったこともあり、最初の運転資金を可能な限り抑える必要がありました。つまり、居抜きを選んだのは、そもそもそれしか選択肢がなかったからです。でも、後から振り返っても、結果論とはいえ、その時の自分の判断は間違ってなかったなと思います。いや、気持ちは分かるんです。せっかく自分の店を出すんだから、格好いい内装にして、バシっと決めたいところ。でも、いざ店を始めてみると、「あれが足りない」「これはどうにかしないと」と、いろいろな想定外のお金が必要になってくるものです。初期投資を抑えめにしておけば、不測の事態が生じた時に、「お金がない……」と右往左往しなくて済むので安心です。

それに、もし店の内装を見栄え良くしたり、什器をより良いものにアップデートしたければ、店が軌道に乗って、貯蓄ができてからでもぜんぜん遅くはありません。さすがに雨漏りしているとかであれば直した方がいいでしょうけど、そういう致命的な問題がない限りは、最初は背伸びせず、あるものを利用するのも手だと思います。

これは、立地に関しても同じようなことが言えると思います。場所にだって身の丈はあります。最初から無理をして、家賃の高い土地を選ぶ必要はないのです。それは、ある程度軌道に乗ってからで十分。最初は誰しも無名です。でも、一度存在を認知されれば、違う街に移っても繁盛店は維持できます。広めの物件に引っ越すのだって、今の店が手狭になってからでも遅くはありません。

でも、最初の立地が微妙だと、そもそも軌道に乗せること自体が困難なのでは？　と考える方もいるかもしれません。でも、「商売をするなら好立地でなければ」という時代は、すでに過去のものとなって久しい、というのが、開店以来ずっと路地裏で営業を続けている私の実感です。今はS

NSがあるので、昔と違って、雑居ビルの中の狭小物件でも繁盛店は作れます。むしろ、カレーのようなマニア気質な愛好家の多いジャンルにおいては、辺鄙だったり、アクセスしにくい環境が「好奇心を刺激する」というプラスの作用を生むこともあります。昔はリスクになっていた部分が、逆に強みになっているこうした状況は、路面に出店する個人のカレー屋さんが減少傾向にあることからも窺い知れる「飲食業界のリアル」でしょう。

そして、こうした立地問題は、毎月絶対にかかってくる固定費にも直結してくるため、新規オープンだけでなく、それなりの期間続いている中堅・老舗のお店にとっても無視できません。店を7年間続けてきた中で私が強く実感したのは、固定費を抑えることが、繁盛店をどれだけ維持できるかの肝である、ということです。どんなにお客の行列ができていても、1日でお出しできるカレーの数は限られていますし、売り上げの多寡に関係なく、固定費は毎日チャリンチャリンと取られていきます。ここのバランスがうまくいっていなければ、どれだけお客が入ろうとも、ジリ貧になっていってしまうでしょう。そんなわけで、独立してからは、もう節約の鬼となりました。水道だって、ものすごく小まめに止めます。塵も積もれば何とやら、と心の中で念仏のように唱えながら——。

「人は飽きるもの」を越えていくために

飲食店をやっていく中で、あるいは日々好きなものを食べ続けていく中で、「人は飽きる生き物である」という残酷な事実を突きつけられる瞬間が時折あります。

例えば、自分の感性にぴたりとくる、ものすごくお気に入りのお店ができたとします。好きで通い続けていると、それはいつしか習慣となり、「毎週●曜日は、あの店に行く日」として固定化されます。これは、一見すると強固な絆のように思えますが、実際のところは、ちょっとしたきっかけさえあれば簡単に解けてしまう脆い関係性なのです。

私自身にも経験があります。毎週のようにずっと通っていたお店に、ある時、ちょっと忙しくて行けない日がありました。そして、その時から、それまで続いてきた習慣が、突然ぷつりと途切れてしまい、まったく足が向かなくなってしまったのです。何か嫌な思いをした、といった悪い経験があったわけでもありません。本当に、たった一度行かなかっただけなのに、「別に、いいかな」となってしまった。あるいは、そのお店の料理は相変わらず美味しいのに、なぜか以前ほどの感動がなくなってしまった……とか。こうした経験は、誰しも多かれ少なかれあるのではないでしょうか。おそらく、何か明快な理由はないのでしょう。でも、人には、そういうことが起こり得る、ということは間違いありませんし、そこには無意識レベルでの「飽き」が介在しているように思えなくもありません。

人は飽きる生き物である。理由はない――これはもう、如何ともし難い真理として、ただそこにある。でも、私たち料理人・経営者は、そのことを理解した上で、諦めることなく、お客さまの「飽き」を回避するアイデアを捻り出し続けなければなりません。そうした避けようのない事態を乗り越えて、繰り返し通い続けてもらえる店を目指して。

魯珈においては、この「お客さまを飽きさせないように」ということへの対策として、限定カレーがあるということは、すでにお話しした通りです。毎週、異なる限定カレーを出し続けることで、常連さんたちを「毎週食べたい」と思わせ、あるいは「限定をコンプリートしたい」というコレクター精神を刺激し続けるわけです。もちろん、毎週というほどのペースではなくとも、Instagramに上がっている「今週の限定」の写真をチェックして、内容によっては行く、といった感じのご常連さんもいらっしゃいます。いずれにせよ、一度きりではなく、定期的に通っていただけるようにしたい、というのが店をやっている人間の正直な気持ちでしょう。

その時に必要になるのが、「やっぱり、ここに来ないと、この味は食べれないな」という独創性です。店の個性であり、ある種の中毒性を誘発する部分ですね。でも、どんなに強烈な個性があったとしても、定期的に通っていれば、いずれ緩やかな「飽き」状態をもたらすでしょう。たまたま行くきっかけを失ったり、あるいは近くに別のお気に入りの店ができたりしたら、ぱたりと行かなくなることにも繋がってくるかもしれません。

そこで、限定メニューが力を発揮します。中毒性を司る店の核（個性、その店の味）の部分はそのままに、食材や味わいを変えたり、他ジャンルの料理の発想を援用したりすることで、新鮮さを演出するのです。私も、もう手を変え品を変え状態です。必死にアイデアを絞り出し続けることで、お客さまの「今週も行かなきゃ」を引き出し続けるのです。

もちろん、そうは言われても、新しいものを作り続けるというベクトル自体が苦手だという方もいらっしゃるでしょう。向き不向きはあります。でも、新味を出すのであれば、例えばこんな発想はいかがでしょうか。

とりあえず、カレーを例にお話ししますが、一から新しいものを作るのが苦手ならば、すでにあるものを利用して、新しい味を作り上げればいいのです。例えば、カレーのベース部分はそのままに、単純に具材だけ変えてしまうといった具合に。もちろん、具材を変えることで多少の調整は必要かもしれませんが、まったく新しいものを作るわけではないので、アレンジ感覚で臨める気楽さがあります。具材に悩むのであれば、その時々の旬のものを使っていけばいい。週替わりは確かになかなかハードかもしれませんが、月一更新くらいの頻度であれば、そこまでしんどくはないでしょう。そうやって、今月は牡蠣カレーです、来月はアサリカレーです、といった具合に毛色の違ったメニューが一つあるだけで、お客さまの「じゃあ、行ってみようか」という行動を引き出すきっかけにはなり得るはずです。それを信じて、まずは一定期間、挑戦してみてはいかがでしょうか。

と、そんな具合にいろいろ頑張っても、人が飽きる生き物であることに変わりはありませんし、やはり飽きる時は飽きるでしょう。そもそも「新しい味」を志し続けても、作っている人間が同じであれば、「傾向」は間違いなくあるわけで、既視感を感じさせてしまうことは避けられません。それに、魯珈を始めて約7年間、毎週のように新作を作り続けてきたわけで、私が「新しい味」と思っていても、過去のどこかの時点で作った別な限定とちょっと似た感じの味になってしまうこともあるはず。長く通ってくださっている方にとっては、新味を出すはずの限定カレーですら「飽き」を招く要因になってしまうかもしれず、不安は尽きません。だからこそ、時々ご常連さんに「お、これは面白いね」なんて言っていただけると、めちゃめちゃ嬉しかったりします。

でも、すごくポジティブに捉えるなら、手の内を知り尽くした上で通い続けてくれているご常連さんがいるということは、つまり「私の味」のファンが存在する、ということでもあります。そうした方たちを大事にしつつ、でも、そこに胡座をかかず、新しいことに挑戦する姿勢は保ち続けるべし――これがオープン8年目に突入した今の、私の思い描く理想の魯珈の姿です。

コミュニケーションを大事にする

人は、どんなに美味しい料理でも、食べ続ければ飽きる。手を変え品を変え、策を尽くしても、飽きる時は飽きる。これを真理として認めた時、私は、また新たな気づきを得ました。もちろん、ご常連さんに長く通っていただくことは大事です。でも、それだけでは十分ではありません。新しいご常連さんを作ること、ご常連さんの新陳代謝を良くすることも重要なのです。

ここで、固定のご常連さんが9割を占めているような店があると想像してみてください。愛されている、という意味ではたいへん素晴らしいことですが、「もしもの時」を考えると、これはこれでけっこう危うい面もあると思うのです。例えば、店主が何か新しいことを始めようとしたり、思うところがあって大きなテコ入れを図ろうとしたとします。でも、それがいかにポジティブな理由からだったとしても、現状に満足しているお店のご常連たちは、そのことに不満を感じ、「それなら行かない」と一様に手のひらを返してしまうかもしれません。これはよく、何かあった時のために取引先は複数持っていた方がいい、といったアドバイスにも通ずるところがあるかもしれませんが、あまり一所に依存しすぎてしまうと、不測の事態が生じた時に立ち行かなくなってしまう、というリスクがあることは忘れない方がいいでしょう。

なので私は、ご常連さんと新規のお客さまは、後者の方が少し多め、くらいがよいバランスなのではないかと考えます。具体的には、ご常連さんが4割、ご新規が6割くらい。さらに前者内でも、毎週来てくださるハードなご常連さんと、月1、2回くらいのご常連さんが半々くらいと、適度にグラデーションがあるのが理想です。また、ご新規がちょっと多めの方がいいというのは、それは「行ったことがないから、行ってみよう」と思うお客さまがそれなりにいる、ということの表れだからです。つまり、新規客は「注目店であるかどうか」を測る、バロメーターとして機能するのです。もしこれが限りなく0になってしまうと、お客さまは減ることはあっても、増えることはない、という状態に陥ってしまうでしょう。

ご常連で完全固定されているお店の良さというのももちろんありますが、まだまだ魯珈は若い店ですし、さらなる発展や進化も念頭に入れて頑張っていかなければ、この厳しい時代を生き残っていくことはできないでしょう。言うまでもなく、限定カレーを作り続けているのも、「飽きさせない」ためだけでなく、停滞することへの危機意識から、という側面があるのも間違いありません。

また、新規のお客さまを増やすために、ずっと意識し続けてきたこともあります。

現在の魯珈は、記帳システムを導入しています。ふらりと来店いただいても、食べることはできません。記帳にいらしていただいても、その時点で一杯になってしまっていたら、やはり食べることはできません。こうしたルールは、初めてのお客さまにとってはかなりハードルが高いでしょう。面倒くさい、なんか怖い、といった理由から、行く前に諦めてしまう方も一定数いらっしゃるに違いありません。だからこそ、一見さんへのケアには人一倍気を配っているつもりです。

まず、初めてご来店される方に向けて、来店・記帳方法をSNS（X）になるべくこまめに投稿するようにしています。ご常連さんからしたら、すでに何十回も見ていて当たり前すぎるものでしょうけれども、SNSでは散々投稿し尽くしている内容でも、その都度「初めて見た」という方はいるものです。だからこそ、しつこいくらいに、ダメ押しのように、です。そのくらい記帳制は特殊なルールだと思うので、こうした小さな積み重ねで「行ってみたいけど、難しそう」というイメージを払拭するよう日々心がけています。加えて、オーダーに関して分からないことや迷われることがあれば、遠慮なく私にご相談してください、という旨の発信も欠かしません。お客さまのケアは、やってやりすぎるということはありませんからね。

こうした私の姿勢の根本には、「お客さまとのコミュニケーションを大事にするべし」という強い信念があるように思います。

例えば、ＳＮＳでお客さまからコメントや質問をいただいた時は１００％お返事をする、というルールを自分に課しているのもそう。やはり、初めてともなると（しかも、路地裏という立地に加えて、慣れない記帳制というシステムもあるわけで）、少なからず不安もあると思うのです。それを少しでも解消するのは、店主である私の務めです。それに、貴重なお時間を割いて、わざわざコメントをくださっているのですから、私も誠意を持ってお返事しなきゃいけないだろう、という気持ちもあります。

コメントのやり取りをしたお客さまが、実際に来店してくださることもあります。先日も、初めての若い女性のお客さまからスマホを見せられて、「このコメントをしたの、私なんです。コメント返してくださって、ありがとうございました。ようやく来れました」と言っていただきました。こうした日々のコミュニケーションの積み重ねが、魯珈という店を作っている、と強く実感した瞬間でした。

実際に魯珈に来てくださったことのある方ならご存知と思いますが、私はお店でもフランクにお客さまたちとお喋りをします。というか、めちゃめちゃ話します。ご常連さんとも一見さんとも、分け隔てなく、です。話す内容は、その日の限定カレーのことだったり、最近食べに行って美味しかったお店のことだったりと、さまざまです。でもまあ、主に大好きなカレーに関わる話題が多いですね。時には、話していた内容が別の席のお客さまへと飛び火して、さらなる盛り上がりを見せることも。そういう意味では、魯珈という店自体がコミュニケーションや情報交換のハブのようなものとして機能している、という面もあるのかもしれません。

客観的に自店を分析すると、ここに魯珈の強みがあるように思います。カレーを媒介した部活動っぽい雰囲気といいますか、同好の士ゆえの、ある種の仲間意識ですね。実際、ご常連さんの中には、そうした私とのやり取りを楽しみに足繁く通ってくださっていると思しき方も。加えて、週替わりの限定カレーがあることで、「また行かなきゃ」が随時更新され続けていることも重要です。つまり、美味しいだけでもダメだし、新味があるだけでもダメだし、接客がいいだけでもダメ。それらが複合的に、バランスよく合わさって初めて、私が理想とする店になるのです。

お客さまは、「味」だけを求めているわけではない——。手前味噌ですが、ここには、これからの時代、飲食店が生き残っていくための大事なヒントがたくさん詰まっていると思っています。

最後はパッションありき

魯珈は、旧店舗の老朽化により、2023年6月に大久保内で移転し、再スタートを切りました。10年も経たないうちに新店舗の立ち上げを2回も経験することになるとは、と感慨にふける間もなく、再び忙しい日々を送っています。まあ、引っ越したと言っても、2軒隣の物件に移っただけなのですが、7年間慣れ親しんだオペレーションを再構築しなければならなかったことも含めて、やはり心機一転感は大きく、一から出直しているような気持ちです。

出直しといえば、これまで常時2位につけていた「食べログ」の全国カレー屋ランキングも、今回の移転に伴いリセットされ、以前と比べると「え、点数、低！」な地点からやり直しをすることになりました。幸い、点数自体はだいぶ戻りつつありますが、ランキングはまだまだ。でも、不思議なことに、良かったな、という気持ちの方が大きいです。ずっと高順位のまま何年も居続けると、人はそれを「当然」と思ってしまうものです。自分もそんなぬるま湯の状態に甘えて、慢心もあったかもしれません。やっぱり人は、適度に追い込まれたり、ピリッとした状況でやっていないとダメだなあと、あらためて実感しました。

今の私は、今回の予期せぬ移転をきっかけに完全に初心に返り、生き返ったような心持ちです。それに、人は下から上に這い上がってく時の方が馬鹿力を発揮できるものです。ピュアな心とハングリー精神を取り戻し、なおかつ開店当初より技術的にも経験的にもパワーアップしている私は、たぶん今、もっとも良い状態なのかもしれません。その証拠に、先日お客さまに「移転してからの限定カレーには名作が多いんじゃない？」と言っていただき、よっしゃ！　となったばかりです。ありがたいことに、新店舗からの新しいご常連さんも増えつつあります。

再出発した今、あらためて思うのは、最後は「自分」を信じるしかない、ということです。

最近、「美味しい」とは何か？　ということをよく考えます。そして、考えれば考えるほど、結局のところ「美味しい」は存在しないのではないか、という結論に行き着いてしまうのです。「美味しい」はどこまでも千差万別で、正解がない。こっちの人にとっての「美味しい」は、あっちの人にとっての「美味しい」であるとは限らないからです。現に、自分が監修したコラボ商品の感想をエゴサーチしていても、「こんな美味しい[redacted]は初めて食べた！」という口コミのすぐ後に、「めちゃめちゃ不味かった」という真逆の反応が並ぶのも日常茶飯事です。そんな絶賛と酷評の無限のサンドイッチ状態を目の当たりにするにつけ、「〝美味しい〟は存在しない」という持論が強化されていくように感じます。

にもかかわらず、世の中には、多くの人に支持される店というのが存在します。

もし新たに店を開いたものの、まったく鳴かず飛ばずだった場合、おそらくその店の主人は、自分にとっての「美味しい」に疑いを抱いてしまうと思うのです。そして、味の試行錯誤が始まります。もちろん、よい着地点を見つけられれば、それにて起死回生となるかもしれません。でも、自分の味に自信を持てなくなり、不安から、ああでもないこうでもないと迷走状態に入ってしまうと、味はどんどんブレブレになり、余計にお客さんが離れていくという悪循環に陥ってしまうことも。

実際に、そうした事例を目の当たりにした経験などから考えるに、結局最後は、自らが強い意志を持って、「このメニューで、この味でやっていく！」と覚悟を決め、そこに全力投球していくしかないのではないでしょうか。変に流行や万人受けを狙って、自分の信じるものを曲げてしまったりすると、店と味から一貫性が失われてしまいますし、そういう中途半端さは、絶対お客にも伝わってしまうものです。それだったら、いっそ自分の「美味しい」をどこまでも貫いた方が全然いいでしょう。それに、自分が美味しいと思って作ったものを「不味い」と言われたら、まだ諦めもつくはず。でも、それが迷いや妥協の産物だったとしたら、納得できるものもできないじゃないですか。

もちろんこれは、意固地になって自分の味を守ろうとすることを推奨するものではありません。実際、私も、その時々でお出ししたいと思う味の傾向は変わってきますし、趣味とか、その時自分の中で来ているブームなどによってても味は随時変化していきます。それはレギュラーメニューにおいても同様です。魯珈チキンカレーのような大定番も、自分の成長に合わせて日々ブラッシュアップを続けていますし、移転時にはけっこう大きな改変を加えていたりもします。これは、現状維持じゃダメだ、止まっている暇はないぞ、という気持ちがあるからです。そして、そうした追求ができるのも、「自分の信じる味」があるからこそ、なのです。

そういう意味では、飲食店というのは、どこまでも作り手のパッションありき、な仕事なのだと思います。華やかなのは表向きだけ。8割方が地味でしんどい仕事でありながら、自分の理想の店と味を追求することをやめられない。そして、理想を現実にすることができてもなお、満足することなく、さらなる高みを目指して探求することをやめられない——。私も、そんな人間の一人であることを自負していますし、読者の皆さんの中にも「我も！」と共鳴してくださる方がいらっしゃるのではないでしょうか。ささやかながら本書が、そんな未来を担うパッション人間たちの背中をそっと押すことができたのなら、これほど嬉しいことはありません。

スパイシーカレー魯珈ストーリー
小さな大行列店ができるまで

2024年3月26日　初版印刷
2024年4月9日　初版発行

著者　齋藤絵理
構成　辻本力

デザイン　北村卓也

編集　大久保潤（Pヴァイン）

発行者　水谷聡男
発行所　株式会社Pヴァイン
〒150-0031
東京都渋谷区桜丘町21-2 池田ビル2F
編集部：TEL 03-5784-1256
営業部（レコード店）：
TEL　03-5784-1250
FAX　03-5784-1251
http://p-vine.jp
ele-king
http://ele-king.net/

発売元　日販アイ・ピー・エス株式会社
〒113-0034
東京都文京区湯島1-3-4
TEL　03-5802-1859
FAX　03-5802-1891

印刷・製本　シナノ印刷株式会社

ISBN　978-4-910511-69-6

東京銭湯サウナガイド

ele-king編集部(編)　大木浩一、サウナーヨモギダ(執筆)

本体 1,350円+税　ISBN: 978-4-910511-41-2

銭湯サウナの気楽なたのしみ

様々な設備を搭載した高級サウナや大自然の中のテントサウナなど、豪華な施設の開店も相次ぎますますとどまることを知らないサウナの大ブーム
しかし一方で忘れられないのが、生活空間と密着した「銭湯」のサウナです。
昭和の薫りを残す老舗から、リニューアルで新たな魅力を備えた新世代銭湯まで、サウナー視点でのおすすめ銭湯を徹底紹介!
銭湯ファンから熱い注目を浴びるデザイナー銭湯の先駆者、今井健太郎インタヴューも掲載!

ele-king books